絲路小史

陸
絲
卷

郭曄旻——著

中華書局

「五百強盜成佛」圖（局部）

莫高窟西魏時期最大的一幅故事畫，也是最早的因緣故事畫。

身着明光铠的镇墓俑

北魏時期的陶制騎馬武士俑，現藏於中國國家博物館（攝影／李軍朝）

煉丹圖（局部），出自劉文泰主撰《本草品彙精要》清代精繪本

1

2

1　烏爾班大炮

2　降魔成道圖（局部），唐代大型絹畫，發現於敦煌藏經洞

明代木刻中國古代造紙過程中的五大步驟：
斬竹漂塘、煮楻足火、蕩料入簾、覆簾壓
紙、透火焙乾。

1

2

1　埃及莎草紙

2　羊皮紙（犢皮紙）文書

1 　獅子圖案的粟特絲綢（可能來自烏茲別克斯坦布哈拉）

2 　馬王堆出土的絲綢帛畫

中東地區製造的仿中國式的瓷碗

伯希和在藏經洞翻揀文書

1

2

1　斯文·赫定

2　莫高窟藏經洞

莫高窟外景

1

2

3

1 龍門石窟（By Marcin Bialek）

2 雲岡石窟 （By Rialfver）

3 龍門石窟 （By Dominik Tefert）

尼古拉‧波羅與馬菲奧‧波羅兄弟離開君士坦丁堡（15 世紀手稿本《馬可‧波羅行紀》）

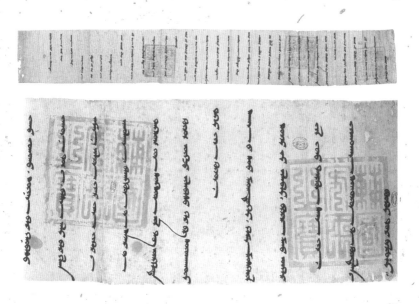

蒙古文書中提到阿魯渾給腓力四世的信，其中提到列班·掃馬。封印是大汗的印章，帶有中文字體「輔國安民之寶」（法國國家檔案館藏）

1　唐代墓葬壁畫《野宴圖》

2　唐代的舞馬銜杯壺，典型的中西亞餐具樣式

1

2

1 唐代騎駱駝的粟特人（上海博物館藏）

2 薩拉茲姆出土文物（塔吉克斯坦國家古史博物館藏）

1

2

3

1　樓蘭出土的絲綢

2　佉盧文文書（新疆博物館藏）

3　樓蘭出土的西漢牛皮短靴（國家博物館藏）

9 世紀高昌柏孜克千佛洞（位於吐魯番）壁畫

1

2

1　撒馬爾罕

2　大流克

1

2

1　帖木兒紀念碑，位於塔什幹，烏茲別克斯坦

2　帖木兒陵墓，位於撒馬爾罕，烏茲別克斯坦

北宋建隆四年，繪有地藏王像的敦煌絲綢（大英博物館藏）

目錄

前　言

　　公元 1877 年，德國地質地理學家李希霍芬在其著作《中國》一書中，第一次把「從公元前 114 年至公元 127 年間，中國與中亞、中國與印度間以絲綢貿易為媒介的這條西域交通道路」命名為「絲綢之路」，這一名詞很快被學術界和大眾所接受並正式運用。其後，德國歷史學家郝爾曼在 20 世紀初出版的《中國與敍利亞之間的古代絲綢之路》一書中，根據新發現的文物考古資料，進一步把絲綢之路延伸到地中海西岸和小亞細亞，確定了絲綢之路的基本內涵，即中國古代經過中亞通往南亞、西亞以及歐洲、北非的陸上貿易交往的通道。

　　公元前 138 至公元前 119 年，張騫兩次出使西域，開拓了一條連接中亞、西亞、南亞以及歐洲等地的交通大道。這條「絲綢之路」雖然在中途歧出若干支線、分而復合、合而復分，並不僅有一條，但從它的基本走向看，依據路途的遠近和地域的特點，大致可分四

段，即秦隴段、東段、中段和西段。

　　秦隴段是指陝西長安（今西安）至甘肅敦煌一段。長 1800 多公里，從長安出發，經隴西高原、河西走廊至敦煌。敦煌是河西走廊諸城中規模最大、人口最多、物產豐富、交通方便的城市。它不僅是連接中原與西域的樞紐，而且是中西經濟、文化交流的一個交匯點，在政治、經濟和軍事上具有重要的戰略意義。

　　東段，自敦煌至木鹿（今土庫曼斯坦巴拉姆阿里城附近），中經帕米爾高原。一為南道，即出陽關（今敦煌西南古董灘），沿南山（崑崙山脈）北麓，經今新疆若羌、且末、民豐、和田、皮山、莎車、塔什庫爾幹，越過帕米爾高原，經過中亞到達木鹿。二是北路，從敦煌西北行，出玉門關，沿着天山南麓，經庫車到達疏勒與南道匯合，然後翻越帕米爾高原，往西北，經過錫爾河、阿姆河之間的河中地區，最後到達木鹿。

　　至於絲綢之路的中段，基本上是在今天的伊朗境內，橫亙東西，北倚厄爾布爾士山脈，南瀕卡維爾沙漠，道路直而便捷，再無比這更適當的路。而西段則從兩河流域直達地中海沿岸及君士坦丁堡（今土耳其伊斯坦布爾）進入歐洲。

　　絲綢之路四大段全長 7000 多公里，橫貫整個歐亞大陸。這條商路連接了地中海世界與東亞，成為前近代時期人類文明成果最重要的交換通道。通過它，東西方實現了物質文明的交流。中國豐富的物產和先進的生產技術源源不斷傳播到西域、中亞、波斯、阿拉

伯、印度和地中海區域。代表東方文明的絲綢、瓷器、茶葉、紙、鐵器、金銀器皿、錢幣、火藥、丹藥、農作物等及生產技術工藝輸入西方，極大地推動了西亞、南亞和歐洲的社會文明的發展。西方的物質文明輸入中國，也豐富了中國的社會經濟。如草原民族的羊馬牲畜、毛織品，西亞的珊瑚、翡翠、珠寶、琉璃器、各種香藥，西域的胡菜、葡萄、石榴、胡椒等多種農作物，中亞的釀酒術，印度的製糖法、建築技術等也傳入中國，提高了中國社會的生產水平。從印度、西亞傳入中國的宗教，是絲綢之路上中外文化交流的重要內容。通過絲綢之路傳入我國的宗教，重要者有佛教、祆教、景教、摩尼教乃至猶太教。凡此種種，改變了人們的生活面貌乃至歷史發展的進程，因此這條路被認為是聯結亞歐大陸的古代東西方文明的交匯之路，而絲綢則是這條路上最具代表性的貨物。

在上千年的歷史長河之中，圍繞着絲綢之路承載的滾滾財富，帕提亞（安息）帝國、薩珊波斯帝國、阿拉伯帝國、蒙古帝國、帖木兒帝國……一個個盛極一時的帝國此起彼落，上演了一幕幕壯麗史詩；個人英雄主義也被載入史冊，從中國的張騫到意大利的馬可·波羅，東西方的探險家克服了人們難以想象的自然阻礙，將東西方世界連接在了一起。

雖然在蒙古帝國瓦解（14—15 世紀）之後，由於海上貿易的興起、亞洲內陸的動盪，以及宋、明版圖的縮小，絲路貿易似乎委

頓停止。但實際上，漢唐宋元時期的大規模商隊貿易形式雖被迫停止，以喀什、葉爾羌為中心的內陸邊境貿易仍舊十分活躍。儘管這一時期中國通過西北陸路與中西亞、南亞和歐洲的經濟文化聯繫已經極其脆弱和狹窄。曾經作為歐亞文明交流的大動脈 —— 絲綢之路的搏動，由於近代國際形勢的變化而暫時停止，但由絲路貿易演變的亞洲內陸腹地的區域貿易在明清時期仍然回光返照式地映射着古老的絲路貿易的特徵。新疆各地每隔七天定期會有一次集市，即巴扎，「是日，各處之粗細貨物，俱馱負而來，以及牛羊馬匹，牲畜瓜果咸備。男女雜遝，言語紛紜，互相貿易，傍晚多醉而歸。無經紀牙行，但憑在市眾人講説定價」。綠洲各地市場上的商品，既有中原內地的絲綢、茶葉、大黃和瓷器等深受新疆與中亞居民喜愛的物品，又有當地出產和製造的各種農副產品以及金銀玉器、棉布等手工業產品，還有來自中亞浩罕、布魯特、哈薩克以及南亞印度等地的奴婢、牛羊馬匹和各種手工業製品。來自中原內地的漢人行商與新疆當地的回商，以及來自中亞安集延、印度克什米爾地區的行商，雲集於絲綢之路上的各個商貿中心……

絲綢之路在人類文明發展史和中國文明發展史上的巨大貢獻和不朽功績，無論怎樣高度評價都不過分。隨着「一帶一路」倡議的展開，可以預見，這條古老的絲綢之路，將在未來繼續閃耀永恆的光芒。

第
一
章

絲路迴響

羅馬軍團與中國重騎
盛唐重器「明光鎧」

祐時着明光鐵鎧，所向無前。敵人咸曰「此是鐵猛獸也」，皆遽避之。

—— 《周書・蔡祐傳》

盛極而衰的甲騎具裝

東漢晚期黃巾起義（184 年）以後，中原大地進入了歷時四個世紀的動盪期。而魏晉南北朝頻仍的戰事也促進了鎧甲的進步。三國時期，出現了「筒袖鎧」。這是一種胸背相連，有短袖，用小塊魚鱗紋甲片或龜背紋甲片編綴而成的鎧甲。筒袖鎧不開襟，穿着時從頭部套入（其形制類似於現代的 T 恤衫），這樣整個鎧甲就沒有薄弱環節。

筒袖鎧盛行於三國後期，至魏晉時期也一直在使用，傳說筒袖

鎧是蜀漢丞相諸葛亮發明的，於是在南北朝也被稱為「諸葛亮筒袖鎧」。在南朝時，皇帝常常將這類製作精良的鎧甲賜給有功的將領。《宋書·殷孝祖傳》說：「御仗先有諸葛亮筒袖鎧、鐵帽，二十五石弩射之，不能入。」

十六國與南北朝是中國重甲騎兵的全盛時期。這一時期出現在史籍中的「甲騎具裝」動輒成千上萬，充分證明其在當時已成為主力兵種。西晉永嘉六年（312 年）十二月，王昌、阮豹進攻石勒的襄國，大敗，「枕屍三十餘里，（襄國）獲鎧馬五千匹」，西晉事後還被迫以「鎧馬二百五十匹」贖回被石勒俘虜的大將，說明在當時具裝鎧是重要的軍事裝備。東晉隆安四年（400 年），後秦君主姚興攻打西秦，「降其部眾三萬六千，收鎧馬六萬匹」，這也是史書上記載甲騎具裝數量最多的一次。以披堅執銳的甲騎具裝充當決定性的突擊力量，也是魏晉南北朝時期經常使用的戰術。東西魏之間的沙苑之戰（537 年）是西魏的生死存亡之戰。當時東魏軍隊多達二十萬人，西魏不足萬人。東魏大軍主力攻擊西魏的「左拒」，其面臨崩潰的危險。這時候，處於「右拒」的「李弼等率鐵騎橫擊之，絕其軍為二隊，大破之」。東魏主帥高歡落荒而逃，竟有七萬人做了西魏的俘虜。這便是當時重裝騎兵戰術的一次典型運用。在東魏軍隊集中力量攻擊左軍時，西魏右軍將東魏軍隊橫截為二，立時導致東魏軍隊的潰退，西魏轉敗為勝。據《周書·李弼傳》記載，當時橫斷東魏軍隊的鐵騎只有「麾下六十騎」！稍後的侯景僅有「鐵騎

八百餘匹」，竟然能夠橫行江東數年，自封「宇宙大將軍」，亦足見甲騎具裝的威力。

隨着重甲騎兵的發展，適於騎兵裝備的「兩當鎧」極為盛行。曹植在《先帝賜臣鎧表》裏，已經記錄有一領兩當鎧。而在這一時期的陶俑、壁畫和畫像磚裏，也經常可以看到身披兩當鎧，騎着鎧馬的甲騎具裝的形象，其中最典型的代表，當屬敦煌第 285 窟中西魏「五百強盜成佛」故事壁畫裏的騎兵。

顯而易見，用來裝備騎兵的鎧甲，必須具備適合騎在馬上動作的特點，所以西漢時期騎兵所使用的鎧甲是那種只有甲身，護住戰士的胸和背，在肩上用帶子系連的劄甲。魏晉時期，在這一式樣鎧甲的基礎上，進一步發展成更適合騎兵作戰的兩當鎧。所謂「兩當」，是指胸甲和背甲，它長至膝上，腰部以上是胸背甲，有的用小甲片編綴而成，有的用整塊大甲片打造，小甲片一般用於鐵甲，大甲片多用於皮甲。前後兩片甲在肩部和身體兩側不相連，背甲上緣釘有兩根皮帶，穿過胸甲上的帶扣後披掛於肩上。腰部以下是用皮革製成的筒形短裙以代替腿裙，一般沒有披膊。直到隋代，騎兵仍普遍使用兩當鎧，只是全身都用魚鱗形狀的小鐵甲片編綴而成，長度延伸至腹部，取代了原來的皮革甲裙。身甲下緣還加上了防護腹部的皮革甲片，對腰部以下的防護有所加強。

但是甲騎具裝的優良防護是以犧牲騎兵的機動性為代價的。戰馬馱載的人甲和馬具裝的重量至少有 66～80 公斤，最重者可達 130

公斤。這極大增加了戰馬的負擔，使其行動遲緩、機動性差，雖然適於正面突擊，卻不宜於穿插、迂迴，出奇制勝。早在南朝宋元嘉二十七年（450 年），宋文帝北伐時，宋將薛安都就卸去人、馬之盔甲，衝入敵陣，「當其鋒者，無不應刃而倒」；而後，魏軍「忿之」，卻「夾射不能中」。這説明卸去了沉重的具裝鎧，騎兵能夠通過戰馬機動力的提高規避對方弓箭的殺傷的能力，彌補防護力的下降。到了南北朝末期，以輕騎兵為主力的突厥興起於中國北方，更加動搖了甲騎具裝的地位，隋軍重騎兵只有依靠與步兵的密切配合才能抵禦突厥騎兵的進攻。617 年，李淵起兵於太原，西取關中，隋將「桑顯和率驍果精騎數千人」夜襲唐軍，結果率部眾隨唐軍出征的西突厥特勒史大柰發揮輕騎兵機動靈活的速度優勢，「將數百騎出顯和後」，繞到隋軍陣後擊敗了防護力強但機動性差的甲騎具裝。

於是，甲騎具裝在隋末唐初驟然衰弱。唐軍仿效突厥，以精銳的輕騎兵平定天下，進一步以實踐證實了其優越性。因而在唐代，輕騎兵逐漸取代了甲騎具裝，就連李世民的坐騎「昭陵六駿」也是不披馬鎧的。而隨着甲騎具裝退出歷史舞台，兩當鎧的黃金時期也一去不復返了。

耀眼奪目的明光鎧

取而代之的是「明光鎧」，這種鎧甲的名稱與其材質有極大的

關聯。明光鎧的特點是在胸前和背後各有兩面大型金屬圓護，很像鏡子。魏晉南北朝的鎧甲大多是用鋼鐵來製造的，輔之以皮革和布帛等材料，而鋼鐵容易鏽蝕，製造鎧甲的工匠在摸索的過程中發現了一種方式——水磨，經過這種方法加工的鋼鐵不易生鏽，反光明亮，在陽光下極為耀眼。為了增強反光的作用，使敵方因目眩而不能直視，從而給披甲者創造有利的攻擊機會，工匠別出心裁地在胸背甲上各安了兩個凸起的圓鏡。「良弓挾烏號，明甲有精光」，描寫的就是明光鎧。又由於經過水磨後的明光鎧與鏡面相似，其名稱也可能取自於漢代銅鏡背面所刻「見日之光，天下大明」的銘文。它是一種比較精良的鎧甲，不僅有披膊、腿裙，還有護頸，防護面積明顯增加。除了胸背甲是整塊甲片外，其餘都是用小甲片編成。

相對於兩當鎧來說，明光鎧保護的部位更加全面，有保護肩頸部的披膊和護頸，也有保護小腿的腿裙、吊腿，頭部的甲冑也增加了防護面積，增加了衝角、耳護，重點保護前額、眉心和雙耳，身甲的甲片相較於兩當鎧有所加大。

北魏以後，明光鎧日益流行，逐漸成為鎧甲中最重要的類型，《唐六典》還把明光鎧列為甲制裏的第一種。按照杜佑在《通典》裏的說法，唐朝的標準是着甲士兵佔士兵總數的 60%，比起漢代軍隊的着鎧比例（大約 40%），還是有巨大進步的。唐軍在開元年間的人數是 54 萬，若足額裝備，需要鎧甲 32.4 萬副，這是一個相當驚人的數字。

這種鎧甲的形象，在考古資料裏是很多的，以刻於北魏永安二年（529 年）的線雕畫最為細緻。那是兩個相對的披甲武士，所披的盔甲正是明光鎧。胸甲左右有兩面大型圓護，腰間束着寬帶，肩上披着披膊，大腿上蓋着腿裙，都是用甲片編成的。自北魏晚期開始，隨葬陶俑群也都將其中體態最高大的甲冑武士裝鎮墓俑所着鎧甲塑成明光鎧。就目前已發現的資料而言，鎮墓武士大都身着明光鎧，而中國傳統的鎮墓武士形象往往與佛教中的護法天王、力士形象有關，因此，佛教在中土的傳播可能對於明光鎧在中國的發展起到了推動作用。

唐代軍隊普遍裝備了由漢代斬馬劍發展而來的陌刀，陌刀兩面有刃，全長一丈，重十五斤，砍殺效率相當高。由於這種新式武器的問世，唐代明光鎧的肩部也相應出現了虎頭、龍首等造型的護肩（稱為吞肩獸或肩吞口）。造型華麗的護肩對後世影響極大，常出現於明清時代的小説如《三國演義》《隋唐英雄傳》等對武將鎧甲的描述中。如前者如此描述呂布出陣時的形象：「頭戴三叉束髮紫金冠，體掛西川紅錦百花袍，身披獸面吞頭連環鎧，腰系勒甲玲瓏獅蠻帶；弓箭隨身，手持畫戟，坐下嘶風赤兔馬：果然是『人中呂布，馬中赤兔』。」這種鎧甲裝束或許就是根據帶有護肩的明光鎧創造出來的。

值得注意的是，明光鎧的製作技法並非是對中國傳統製甲技術的完全承襲。一副完整的明光鎧通常由身甲、披膊、腿裙和吊腿四部分組成。其標誌性的胸背鑲嵌金屬圓護、整體呈板狀結構的製

法，實際上來源於古代西方。環地中海一直延伸到西亞的古代西方文明，很早便流行用整甲製成一片的鎧甲，或是將大型長條形金屬板用鉸鏈等結合而成的鎧甲。公元前4世紀，伴隨着亞歷山大東征的勝利，中亞大部建立起希臘化帝國，後來，羅馬軍團長期進攻帕提亞（安息），羅馬的軍事文化又傳入中亞大地，這種形制的鎧甲經過改良後在中亞地區紮根，魏晉南北朝時期開始沿着絲綢之路傳入中國。不過，板甲始終沒能在漢地流行，其主要原因在於雙曲弓和弩在中國戰爭中的大量應用。中國歷史上一向重視弓弩的應用，而板甲的質量遠遠大於箭的重量，箭頭射中板甲後，箭的動能直接作用於射中點，所以板甲對弓弩的防護性很差。中國傳統的鱗片甲緊密編排縫製，且甲片之間留有活動餘地，能夠吸收箭的動能，逐層向周圍的甲片傳遞能量，對箭矢的防禦效果就很明顯。因此，防箭差的板甲在中國始終不是主流，而防箭能力優秀、防刺較差的鱗甲卻大行其道。

異域神器鎖子甲

在《唐六典》中，雖然外形威猛的明光鎧名列第一，但實際上它並不是最精良的鐵甲，真正的神器是「忝陪末座」的鎖子甲。顧名思義，鎖子甲採用細小鐵環連環相鎖而成，其表面還綴有鐵甲片，貼身防護性能極好。可以說，這種鎧甲才是實實在在的「鐵布

衫」。通過改變鎖子甲結構單元的金屬環數目和套扣方法，可形成不同的外觀紋理。而且，製甲的金屬環越小，成甲越厚密，防護效果也就越優異。但一副能保護全身的高質量鎖子甲，往往「要耗用二十多萬枚金屬環」，難怪古人讚歎「甲之精細者為鎖子甲」。

但鎖子甲來自異域。歐洲在羅馬帝國時期已開始較多地使用鎖子甲。至於是誰最早發明了鎖子甲，史學界長久以來一直存在分歧。從目前確定的考古證據來看，公元前 7 世紀至公元前 3 世紀生活在黑海北岸的古代斯基泰人（Scythians），或者史前時代廣泛分佈在歐洲的凱爾特人（Celts）應是鎖子甲最早的發明者。

與板甲的工藝類似，鎖子甲也是沿着絲綢之路傳入中國的。橫亙歐亞大陸中部的多條商道在中亞河中地區匯聚，再東越帕米爾高原進入西域地區，而塔里木盆地西部沿邊綠洲則成為深入中原的孔道。據《晉書·呂光載記》，384 年，前秦大將呂光率領討伐西域的大軍，在龜茲（今新疆庫車）城外遭遇龜茲王的僱傭軍，這些被稱為「獪胡」的戰士「便弓馬，善矛槊，鎧如連鎖，射不可入」，顯然用的是鎖子甲。

但鎖子甲真正傳入中原地區要到唐代中期。據《舊唐書·郭知運傳》記載，開元六年（718 年）唐將郭知運在九曲（今青海共和縣南）襲破吐蕃，「獲鎖子甲」。據《新唐書·西域傳》記載，同年，中亞康國（今烏茲別克斯坦撒馬爾罕）也遣使向唐朝貢奉鎖子甲。唐廷似乎對來自異域的鎖子甲表現出了一定的興趣與重視，很快就

將之列入官方制式鎧甲序列，排在十二種人用鎧甲末位。但唐軍不曾普遍裝備鎖子甲，甚至在之後很長時間內，中原軍隊的戰士都無緣穿上這種「鐵布衫」。宋代《武經總要前集》卷十三即載，甲「有鐵、皮、紙三等……貴者鐵，則有鎖甲」，其擁有者只是極少數功高勳重的高級將帥。而普通人，甚至一些文士墨客，也幾乎不知何為鎖子甲。有人將杜甫之「雨拋金鎖甲」解釋為甲拋於雨，被金鎖住，有將軍不好武之意，令人啼笑皆非。至於個中緣由，其實也很簡單，製作鎖子甲成本很高，而且對金屬的強度韌度有較高要求，鑒於材質和工藝方面的原因，直到元代，中國始能製造連環軟甲，但只能使用較大的金屬環且做工粗糙，其性能也較差。

在鎖子甲沿絲綢之路東傳的過程中，興起於青藏高原的吐蕃軍隊反而大量裝備了這種異域神器。唐代的《通典》明確記載，吐蕃「人馬俱披鎖子甲，其製甚精，周體皆遍，唯開兩眼，非勁弓利刃之所能傷也」。事實上，當時吐蕃鎖子甲的工藝水平在整個亞洲大陸都極其有名，阿拉伯人的文獻也記載吐蕃的鎧甲（吐蕃盾）之精良，竟堅不可穿。

公元 729 年左右，突厥別部突騎施進攻阿拉伯帝國（大食）控制下的中亞河中地區，當突騎施可汗蘇祿出現在陣地上時，阿拉伯軍隊中的兩位神箭手對其進行了狙擊。結果，兩箭都射中蘇祿的面部，卻不能取其性命，拯救了蘇祿的正是其穿着的，周身只露出兩隻眼睛的吐蕃鎖子甲。

吐蕃這一時期比較多地使用鎖子甲，對鎖子甲向中原地區傳播起到了積極的作用，以致明代人在談到鎖子甲時，仍稱之為「古西羌製」，可見其影響之深遠。更為有趣的是，吐蕃盤踞的青藏高原還是我國歷史上使用鎖子甲時間最長的地方。在紐約大都會博物館保存的 18 世紀的藏族鎖子甲與吐蕃時期的鎖子甲在製作結構上並沒有任何區別。而直到 19 世紀末 20 世紀初，西藏噶廈的一些士兵還在使用鎖子甲，這也差不多是世界上持續使用鎖子甲至最晚的軍隊了。

與之類似的滯古情況也發生在《三國演義》所說的「藤甲」上。生活在台灣蘭嶼的耶美人，直到 20 世紀初還使用着藤甲。藤甲利用藤條和藤皮編成，外貌很像一件短背心，前面開身，從兩側腋下與背甲編連成一體，上面有袖孔以伸出雙臂。這使得人體最主要的部位，包括頭與胸、背都得到保護，在戰鬥中免遭兵器的傷害。

步人甲：冷兵器時代的巔峰

入宋以後，中原政權的騎兵不振，而周邊虎視眈眈的契丹、西夏、女真皆有強大的騎兵，因此宋人主張「以步制騎」，在提高步兵的防護力上做文章，遂出現了「步人甲」，即步兵用鎧甲。這種步人甲源自唐代的「步兵甲」，頭戴兜鍪，身甲用帶聯扣在雙肩位置，兩肩所覆披膊作獸皮紋，腰帶下垂有兩片很大的膝裙，上面有幾排方形的甲片。《武經總要》記載的北宋的步人甲是將很多鐵片用皮條或

甲釘連綴而成的一種鐵甲，它幾乎可以護住士兵全身。根據南宋紹興四年（1134年）的規定，宋朝步兵的鎧甲是由1825張甲葉（鐵片）連綴而成，總重達29公斤。

問題在於，鐵甲片經過淬火後十分堅硬，碰到身上，往往會將肌膚磨傷。於是至道二年（996年）宋太宗下詔，鐵甲內要襯以綢裹。但光有襯裹仍然不能保護身體，後來戰士在甲衣內穿上「胖襖」，這樣一來就磨不着皮膚了，但身上的分量就更重了，戰士實在難堪負荷。為此，宋高宗在1134年親自規定，步兵鎧甲最重以29.8公斤為限，雖然這個重量本身已經是個驚人的數字了。在夏天作戰時，戰士外披鐵甲，整天浸濕在汗水裏，身上常常生許多虱子，其辛苦程度可想而知。這樣一個穿着全身鐵甲的戰士，行動很不方便，遇見皇帝、長官也無法俯伏跪拜，只能拱手作揖致禮，故軍禮規定「介冑不拜」。因此宋廷規定選兵時，首先要挑選「勝舉衣甲者」。但是無論如何，身披如此重負，在戰場上的機動性也就可想而知了，只能令「兵貴神速」變成一句空話。

不言而喻，製作這種全身裝備的鎧甲，是相當花費工時的。製造時，大約需要以下幾道工序。首先要把鐵製成甲劄（甲片），經過打劄、粗磨、穿孔、錯穴並裁劄、錯棱、精磨等工序，將甲劄製好以後，再用皮革條編綴成整領鎧甲。如上面所說，鎧甲裏面還要掛襯裹，避免磨損披甲戰士的身體。因此一副鎧甲往往需要七十天乃至上百天才能完成，這樣一副鎧甲在南宋時期的價值高達三十八貫

二百文。製作鎧甲的工藝繁雜，北宋東、西作坊中共分五十一作，其中與製造鎧甲有關的就有鐵甲作、釘釵作、鐵身作、綱甲作、柔甲作、錯磨作、鱗子作、釘頭牟作、磨頭牟作等，再加上製造馬甲及皮甲等的馬甲作、馬甲生葉作、漆衣甲作、馬甲造熟作、皮甲作，以及打線作、打磨麻線作等，總之佔了作坊中很大的比例。

　　鎧甲製造在北宋時期達到頂峰。北宋年間的著名科學家沈括曾兼管軍器監。沈括為了提高鎧甲和各種武器裝備的質量，曾親自查訪幾處冶煉作坊，收集資料，研究當時勞動人民冶煉鋼鐵的方法，分析灌鋼和百煉鋼、冷鍛和熱鍛的區別，以提高兵器生產的工藝水平。他在《夢溪筆談》裏特別記述了製作精良的冷鍛鋼鎧甲的工藝：「凡鍛甲之法，其始甚厚，不用火，（今）［冷］鍛之，比元厚三分減二乃成。其末留筋頭許不鍛，隱然如瘊子，欲以驗未鍛時厚薄，如浚河留土筍也，謂之『瘊子甲』。」他又說鎮戎軍有這樣一副鋼甲，用強弩距離五十步射它，都不能射進去，可見當時宋人鍛甲技術的精湛。

　　但也正是從宋代起，中國的製甲技術開始停滯不前。雖然在很長的時間內，傳統的鎧甲仍然是中原軍隊重要的防護裝備。但入宋以後，初試啼聲的火器已然開始登上戰爭舞台。當然，火器發明初期，它的威力還不是很大，但到南宋時，火器的威力已有很大提高，這就使人們認識到鎧甲在戰爭中的防禦作用越來越小。儘管之後鎧甲還使用了數百年，但已不像從前那樣受重視了。隨着社會的發展和技術的進步，火器的威力終於逼迫笨重的鎧甲退出了歷史舞台。

中世紀的終結者
中國火器的傳播

外國用火藥製造子彈禦敵，中國卻用它做爆竹敬神；外國用羅盤針航海，中國卻用它看風水；外國用鴉片醫病，中國卻拿來當飯吃。同是一種東西，而中外用法之不同有如此，蓋不但電氣而已。

——《電的利弊》，魯迅（署名何家干），

1933 年 2 月《申報·自由談》

煉丹術的副產品

　　魯迅先生寫作這段話的本意，大約是要諷刺積貧積弱的封建中國在科技利用上的邊緣化：祖先的發明未能用於推動社會進步和民生福祉。當時堅船利炮的西方殖民者「在東方架起幾門大炮就可以征服一個國家、一個民族」，這與中國作為火藥發明國的身份，當然

是個巨大的反差。

不過，火藥在中國歷史上的地位絕非僅僅用來做「爆竹敬神」而已，先人在發明火藥之後，同樣也是殫精竭慮地將其應用於軍事領域，這才有了「火器」。

作為中國「四大發明」之一的火藥，其出現卻與被視為封建迷信活動的中國傳統煉丹術有莫大的關係。為了煉得長生不老的仙丹，煉丹家們往往苦心孤詣設計出各種藥物組合（配伍），將幾種甚至十幾種礦物混合起來，加以火煉。三黃（雄黃、雌黃、硫黃）和硝石（硝酸鉀）早在先秦就已為我國先民取得，並轉化利用為醫藥，因此當西漢煉丹術肇興之時，它們就都成為煉丹術藥物中的重要成員，而它們正是爆燃反應中的主角。到了唐代以後，煉丹家們的丹釜中又出現了炭化的某種草木藥，其本意其實是「伏火」，即是以火或火法來制伏藥物固有的某些暴烈、不馴的性格，使之適用於煉製丹藥和金銀，或使煉製出的產品宜於服食。結果適得其反，「伏火」未成，造成失火，硝石、硫黃和木炭以一定比例混合後的粉狀混合物會劇烈燃燒，用今天的黑火藥爆炸時的化學反應方程式來表示，就是 $2KNO_3+ S + 3C \rightarrow K_2S + N_2 \uparrow + 3CO_2 \uparrow$。公元 808 年，唐朝煉丹家清虛子在《太上聖祖金丹祕訣》中關於「伏火礬法」的記載，可能是世界上關於火藥製造的最早的文字記載。

可以說，煉丹家們距離真正發明火藥其實只有一步之遙，但這最後的門檻卻不曾邁過去。對煉丹家而言，其興趣只在於不可能煉

成的「不死仙丹」，而因「伏火」造成的爆燃只是需要極力避免的意外，他們只考慮如何抑制爆燃，完全沒有生出設法擴大其爆燃作用並加以利用的念頭。他們在著作中甚至諄諄告誡人們，在煉丹時要防止硝、硫、炭合煉時所造成的火災。中唐以後成書的《真元妙道要略》就警告人們，硝石、生者（指沒有伏過火的硝石）不可與三黃合燒，如果合在一起燃燒，就會有火災發生（「立見禍事」）。

不過，由於煉丹活動與伏火試驗不斷進行，作為煉丹家們煉製丹藥的副產品，硝、硫、炭三者合燒後易燃爆的特性，終於得以為有識之士所用。如同任何一項重大的科技成果都極有可能首先被用於軍事一樣，軍事家從戰爭的需要出發，大膽地利用硝、硫、炭三種物質製成具有焚燒和殺傷作用的火器，用於實戰。

唐末的 904 年，盤踞淮南的軍閥楊行密軍隊渡江攻打豫章（今江西南昌），「發機飛火」燒毀城門，士卒隨後衝入城去。但當時的人沒有記述這個「飛火」究竟是何物事。

100 年後（1004 年）的宋代人許洞在《虎鈐經》解釋「風助順利為飛火」一句話時自注云：「飛火者，謂火炮、火箭之類也。」這裏的「炮」是個後起字，原來中國只有拋石之「砲」，今天中國象棋還是如此，「炮」「砲」指的是相同棋子。如果許洞所指的「飛火」與淮南軍所用之物相同的話，「發機飛火」當指原始拋石機發射的火藥球，那就意味着中國在 9 世紀末或 10 世紀初時已發明了真正的火藥。

但許洞所處時代與唐末畢竟相距一個世紀，何況「飛火」也有其他解釋。唐初的《李衛公兵法》就有「門棧以泥厚塗之，備火。柴草之類貯積，泥厚塗之，防火箭、飛火」的記載。這裏的「飛火」就是飛射或飛投之油脂、草艾類縱火物，與今天所說的火藥絲毫不搭界了。

但無論如何，北宋天聖元年（1023 年），朝廷在開封設置火藥作坊，「火藥」一詞正式見諸史籍記載。到了慶曆四年（1044 年），在曾公亮、丁度歷時四年奉詔撰修的中國第一部官修百科性兵書《武經總要》裏，更是明確刊載了「火球火藥方」「蒺藜火球火藥方」「毒藥煙球火藥方」這三個世界上最早的火藥配方。而且當時的人已經懂得在火藥的三種基本成分（硝石、硫黃和木炭）的基礎上，增減配方成分，製作出作用不同的火藥兵器。「毒藥煙球」爆炸後，球內毒劑發煙，起類似毒氣彈的作用；「蒺藜火球」是利用爆炸的強大推力，把球內的鐵蒺藜撒放開來，藉以殺傷敵人；至於「火球」，則主要是爆炸後起燃燒作用。

初試啼聲的宋元火器

宋代率先將火藥用於軍事，其火藥生產已經非常專業。北宋時，當局便設立了「火藥作」。到了戰爭更加頻繁的南宋，這類機構的設立更是普遍。雖然丟失了故都開封這個火器製造的重鎮，但南

宋在火藥製造和發展方面並沒有受到阻礙。舉凡軍事重鎮，譬如江南東路的建康府（今南京）、荊湖北路的江陵府（今荊州）等，皆設有這類生產工場。其用度十分浩大，根據《宋會要・食貨》記載，為生產火藥，宋神宗時，當局一次就「募商人於日本國市硫黃五十萬斤」，「每十萬斤為一綱」，自明州（今寧波）押送開封府。宋理宗時，江陵府「一月製造一二千隻」鐵火炮，產量也是十分驚人。

宋朝的火藥兵器，大致可分為燃燒型、爆炸型和管形火器三類。其中前兩類都是需要與拋射類的弓弩或拋石機相結合，利用它們拋射出去，直接燒傷敵人或爆炸打擊敵人。而管形火器，就更接近現代火器了。在火器史上，管形火器的問世是一大進步，後世的槍炮即是由管形火器逐漸演變發展而成的。最早見於史書記載的管形火器，是南宋紹興二年（1132 年）陳規守德安（今湖北安陸）時使用的長竹竿火槍，以竹為筒，內裝火藥，「皆用兩人共持一條」，臨陣點燃，噴射火焰，焚毀了敵人（一支流寇武裝）的攻城器械「天橋」。這是史書上最早記載的管形噴射火器，它能使點燃的火藥定向集中噴射火焰。一個世紀後的南宋開慶元年（1259 年），壽春府（今安徽壽縣）又進一步創製出最早的管形射擊火器 —— 突火槍，其「以巨竹為筒，內安子窠，如燒放，焰絕，然後子窠發出，如炮聲，遠聞百五十餘步」。這是人類第一次用化學能發射彈丸的成功嘗試（但很難再裝填進行二次攻擊），為日後發明金屬管形射擊火器解決了重大的技術問題。

各式各樣的火器，已在宋軍的裝備中有了一席之地。《續資治通鑒長編》記載，北宋神宗時，為佈防熙州、河州，宋廷一次就由開封府送去包括神臂火箭十萬支、火藥弓箭二萬支、火藥火炮箭二千支在內的大批火器，佔所有弓弩箭的十分之一以上。到了南宋中後期，隨着戰事吃緊，火藥兵器在兵器中所佔比重更大。嘉定十四年（1221 年），為抵禦金軍圍攻，蘄州部署守城的兵器，單火藥兵器就有「弩火藥箭七千支，弓火藥箭一萬支，蒺藜火炮三千支，皮火炮二萬支」，僅「火藥箭」在總箭數中的比例已經上升到六分之一。蘄州並非當時頭等的邊防重鎮，配備如此數量的火藥兵器，足見此類兵器在宋軍中的應用已相當廣泛。

與此同時，儘管宋朝想方設法地防止火器落到與之對峙的北方少數民族政權手中，為此先後採取技術封鎖與原料（硫黃、硝石）壟斷的辦法，仍未能避免遼、西夏、金以及蒙古相繼掌握火器技術。早在宋朝初年，遼人就想方設法謀取宋火藥製造技術，得手後則於「燕京日閱火炮」。金軍不但以宋軍的火球為模式，創製了鐵殼火球「鐵火炮」，而且還創製了單兵使用的竹製飛火槍。至於元朝統治者，也從金人手裏掌握了製作和使用火器的技術，更是在南宋發明的突火槍和火筒的基礎上，在火藥性能進一步改良的前提下，研製了世界上第一代金屬管形火器──火銃。因此，儘管宋王朝在火器應用上贏得了先機，卻沒能切實把握，火藥的技術迅速擴散到了整個東亞世界，戰爭的面貌由此大變。

在蒙金戰爭中，雙方均已大量使用火器。以激烈的汴京守衛戰（1232年）為例，金軍以牛皮作為屏障，自以為不能被攻破，結果蒙古軍以火炮射之，致其燃燒而不可撲救。反過來，蒙古軍用「牛皮洞」掩護士兵挖掘城牆，結果守城的金軍用鐵罐裝上火藥，號曰「震天雷」，點上引信後用鐵索系着從城上垂下，到掘城處爆炸，聲如雷震，殺傷範圍可達半畝，牛皮洞和攻城士兵自然都被炸得粉碎。金軍偶爾還以敢死之士出城突擊，他們手持「飛火槍」，槍口裝了火藥，點火之後火藥向前噴射十來步遠，蒙古軍無法抵禦，只能逃散。也許是出於對「震天雷」及「飛火槍」的懼怕，蒙古軍在圍攻16晝夜後只得暫時解圍而去。到了這年五月，金將蒲察官奴率精銳的忠孝軍450人，編成「飛火槍」隊，各持「飛火槍」一支，並帶鐵火罐，內藏火源，夜襲蒙古兵營，戰勝近十倍的蒙古軍，蒙古軍紛紛逃潰，溺水死者凡3500餘人，金取得最後一次對蒙作戰的勝利。

絲綢之路上的火器傳播

1234年，金終於在蒙宋合擊下滅亡，接踵而至的是曠日持久的宋蒙（元）戰爭。在歷時五年的襄陽保衛戰中，南宋民軍將領張順、張貴率死士三千，戰船百艘往援，就「各船置火槍、火炮、熾炭、巨斧、勁弩」。1277年，元軍進攻靜江（今廣西桂林），宋軍以火

器守禦三月之久，終於城破，婁鈴轄（鈴轄是軍職，其名不知）仍率 250 名宋軍堅守北門月城（甕城）不降。元軍攻城十餘日，婁部因缺糧乏食，難以支持，便鳴角擊鼓，引爆一具大鐵火炮，集體殉國。該炮爆炸時「聲如雷霆，震城土皆崩，煙氣漲天外，兵多驚死者，火熄，入視之，灰燼無遺矣」。足見此時鐵火炮的威力之大。在 1279 年的崖山，宋元的最後一戰同樣有火器參戰，宋將張世傑率部以火炮迎敵，結果在元軍火炮、火藥弓弩的攻擊下，七艘宋軍戰船被焚毀。

崖山之戰過後，元朝統一中國並繼續對外擴張，火藥與火器的製造使用技術也被其傳到東亞鄰國。1280 年，元朝以再度征討日本為名在高麗設立征東行省，又從當地抽調步兵、水手 25000 人，並以火器裝備高麗軍隊，從此朝鮮半島開始掌握使用火器的技術。在此之前的 1274 年，在第一次「蒙古襲來」中，元軍已在九州島使用了火器，雖然在「神風」庇佑下，日軍擊退了在歐亞大陸橫行無阻的蒙古大軍，但是蒙古軍隊的進攻，特別是威力強猛的火藥火器，使日本武士受到很大震動。元軍的鐵火炮一次就可以拋射出 2～3 個球形鐵炮，盛有火藥的鐵罐爆炸後向日本武士飛去，爆炸之時「火光閃閃，聲震如雷，使人肝膽俱裂，眼昏耳聾，茫然不知所措」。日本人經過同元軍作戰後，才知道世界上已經有人使用火器。此後，日本人想方設法通過高麗人學習中國的火藥、火器製造技術。元朝當局得知後，下令嚴密防止把火藥與火器製造祕術傳授給日本人，

並禁止沿海各地提煉硝石。由於元朝（和明朝）技術上的封鎖在一段時間裏取得了成效，直到 16 世紀，日本才開始製造火藥與火器。

火器在另一個方向上的傳播對世界歷史顯得更為重要，這就是連接中國與地中海世界的（陸上及海上）絲綢之路。中東、北非本來就出產硫黃，但是那裏的人不知道使用硝，有關硝的知識是從中國傳去的。8 世紀時，中國的煉丹術沿着絲綢之路傳入阿拉伯世界。對阿拉伯國家而言，硝是中國的特產，以至於硝剛剛進入阿拉伯國家時，被阿拉伯人稱為「中國雪」，被波斯人稱為「中國鹽」。因為硝顏色如雪，味咸如鹽。

起初，硝在阿拉伯國家與在中國一樣，用於醫藥和煉丹術。將硝用於燃爆的技術則是由中國東南沿海經過海上絲綢之路傳入中東的。因為當時南宋的帆船裝備自衛火器，往返於阿拉伯半島的亞丁和泉州之間；阿拉伯僑民分佈在泉州和杭州等地，他們是傳播新發明最好的中介。根據阿拉伯文獻的記載，埃及阿尤布王朝的國務大臣奧姆萊主持了伊斯蘭國家第一次將硝用於配製火藥、製造火器的試驗。

令阿拉伯人進一步接觸到火藥的是蒙古軍的第三次西征，忽必烈的弟弟旭烈兀在 1252 年率領 12 萬大軍出征西亞，在他的大軍裏就有一支由漢人組成的炮手、弩手、火焰噴射手千人隊。旭烈兀的第一個目標是猖獗達二百年之久的恐怖主義集團—「只問目的，不擇手段，濫用匕首，把暗殺變成一種藝術」的阿薩辛派，在金庸的《倚

天屠龍記》以及著名遊戲《刺客信條》中，我們都能看到它的身影。這個可怕教派的據點設在里海南岸厄爾布爾士山脈中，這裏山勢陡峭，高峰連綿，海拔多在 3000 米以上。法國著名歷史學家勒內·格魯塞評價道：「在 12 世紀曾經費盡了塞爾柱王朝算端們的一切努力，使算端國和哈里發教廷為之震懾。」但阿薩辛派無法阻止擁有火器的蒙古大軍。

穆斯林史家記載，蒙軍所用的火器稱為「Vases sernplis naphte」，即火藥罐或罐裝火藥，與「震天雷」屬同一類爆炸性火器。在其猛烈攻擊下，1256 年阿薩辛派終於被旭烈兀徹底鏟除，「這是蒙古人對於當時的治安和文明帶來的一種極大的貢獻」。兩年後，蒙古軍又在炮石、火藥箭等各種火器的幫助下攻克巴格達，隨後便在阿拔斯王朝的廢墟上建立了蒙古人的伊利汗國。

隨着伊利汗國的建立，各種火器也傳入阿拉伯國家。從哈桑·拉曼在 1285 年到 1295 年間寫作的《馬術和軍械》裏可以得知，不但火藥源於中國，就連煙火、火器也是從中國傳入的。中國的火箭和火槍成為阿拉伯國家最早的火器。在《馬術和軍械》中，有一種「契丹火槍」，槍頭叫作「契丹火箭」，這是採用金朝「飛火槍」的方法，而用火箭作為燃燒體製作的。14 世紀初期的另一本阿拉伯兵書《為安拉而戰》記載有用於陸地作戰的火槍和水戰中的火箭，都叫「契丹火箭」。這是在一根長形契丹火箭上裝上長而尖的箭頭，在戰鬥中，將火箭發射向敵船，「箭頭嵌入船板，便延燒以致無法撲

救」。14 世紀，埃及馬穆魯克的軍隊開始把中國竹製的管形射擊火器突火槍發展為木質管形射擊火器「馬達發」（Madfa），使火器的發展進入新的階段。

中世紀的終結者

隨後，阿拉伯國家又成為火藥和火器傳入歐洲的媒介。雖然早在 1240 年，蒙古人在西征時就將火器廣泛用於歐洲戰場，但是當時處在中世紀的歐洲人尚無力仿製這些武器，他們只是將這些能噴火並且發出巨響的火器當作「魔法」。直到 13 世紀下半期，歐洲的知識分子才從阿拉伯文的書籍裏獲得火藥知識。又過了半個世紀，14 世紀上半期，歐洲人終於在與阿拉伯人的戰爭中獲得了火器。確如文藝復興時期的英國學者弗朗西斯·培根所說：「任何一個帝國、教派或名人的力量，都無法比這些發明更能支配和影響人類生活。」

當時的伊比利亞半島，是基督教與伊斯蘭教兩大勢力爭奪的焦點。自從 8 世紀摩爾人入侵以來，基督徒的「收復失地運動」已經斷斷續續地進行了數個世紀。摩爾人在 1325 年、1326 年、1331 年進攻西班牙的基督教政權時，都使用了「馬達發」等火器。在戰爭中落到基督徒手裏的「馬達發」隨即被歐洲人仿製成歐洲最早的手持槍（handgun），又稱火門槍（cannon lock），最後發展成火繩槍。不過，這些早期的單兵火器命中率低、射程短、射擊速率慢，

而且使用起來極不靈便。其威力其實遜於歐洲人原有的冷兵器，如果火繩槍的理論殺傷指數為 10 的話，十字弓就是 33，而著名的英格蘭長弓可以達到 36。正是出於這個原因，法國直到 1566 年才淘汰了十字弓，而留戀長弓帶來的一次次輝煌勝利的英格蘭，則至 1596 年才正式將火槍作為步兵武器。雖然火槍的使用比較簡便，步兵經過短時間的訓練便可掌握，相反，要有效地使用十字弓（和長弓），就需要經過幾個月時間的練習，而要真正精通則需數年時間的刻苦訓練；但更重要的是，「火藥把騎士階層炸得粉碎」。1350 年左右，德國出現了銅錫合金的火炮，射程可以達到數百米。歐洲第一場由火炮發揮關鍵作用的戰爭發生在低地國家（歐洲西部沿海地區的荷蘭、比利時、盧森堡三國的統稱），是 1382 年 5 月的佛蘭德爾手工業市民反對封建領主佛蘭德爾伯爵的戰鬥。火藥和大炮的出現摧毀了貴族賴以保持其獨立地位的中世紀城堡，因為這些火炮「造價昂貴，只有自由城市和擁有巨大稅收來源的君主才能獲得」，而火器的發展，又成為市民階級同封建貴族鬥爭的武器。恩格斯認為：「火器一開始就是城市和以城市為依靠的新興君主政體反對封建貴族的武器。以前一直攻不破的貴族城堡的石牆抵擋不住市民的大炮；市民的槍彈射穿了騎士的盔甲。貴族的統治跟身穿鎧甲的貴族騎兵隊同歸於盡了。」

　　到下一個世紀，1453 年的春天，奧斯曼軍隊在圍攻千年古都君士坦丁堡時祭出了「恐怖而非凡的怪獸」── 烏爾班大炮。該炮長

達 17 英尺（約合 5.18 米），重 17 噸，炮筒厚達 8 英吋（約合 20 厘米），口徑則寬達 30 英吋（約合 76.2 厘米），炮筒內足以容納一位成人；所用花崗巖炮彈重達 1500 磅（約 680 公斤），是那個時代威力最大的火器。「有時炮彈摧毀了整段的城牆，有時是城牆的一部分，有時是一座塔樓或一段胸牆 —— 沒有哪座城牆足夠堅固，可以抵禦這樣迅雷不及掩耳的攻擊。」雖然這門巨炮過度使用後在 4 月 20 日炸膛，但在一個多月後的 5 月 29 日，土耳其炮兵的另一門重炮仍炸開了君士坦丁堡的城門。奧斯曼士兵蜂擁而入，抵抗的守軍崩潰了，星月旗從此飄揚在拜占庭的上空。這座曾經無數次抵禦了異族入侵的偉大城市，最終屈服於新興的火器。正是君士坦丁堡的陷落，宣告了中世紀的結束。

被戰俘改寫的歐洲文明史

走向世界的中國造紙術

絲路上的中國紙

所謂紙,在漢代《說文解字》裏的解釋是:「紙,絮(即纖維)也,一曰苫也。」這是個形聲字,構成紙的植物纖維從肉眼看確像白細的絲絮,故而從「糸」。早在公元前 2 世紀,中國西漢就出現由植物纖維製成的紙。考古工作為人們了解造紙術的發明過程提供了第一手史料。1957 年,在陝西西安市郊灞橋出土了公元前 2 世紀的紙,原料主要是大麻和苧麻,這是世界上最早的植物纖維紙,史稱「灞橋紙」。該紙呈淺黃色,紙上纖維束較多,間有未松解小麻繩頭,但整體而言仍以分散纖維為主,因而被判斷為早期麻紙。20 世

紀 70 年代，公元前 1 世紀的麻紙在甘肅居延肩水金關漢代遺址出土。由此可見，早在西漢時，中國人就已擁有造紙技術。不過，西漢早期的麻紙還較粗糙，不便書寫，且當時的造紙原料麻主要用於縫製衣服，造紙業難有大的發展。但曙光已現，迫切的社會需求又在催促着技術的改進。有道是時勢造英雄，東漢出現了一位中國乃至世界科技史上的偉人，造紙術的革新家──蔡倫。

蔡倫是一個宦官，去世於公元 121 年，生年不詳，其生平事跡見於《後漢書·宦者列傳》。他總結了西漢以來的造紙經驗，利用東漢皇室工場的物質條件和能工巧匠，採用樹皮、麻頭、破布和漁網等原料（用樹皮做原料，是現代木漿紙的先河），又改造了造紙工藝，造出了一批質量較高的紙。元興元年（105 年），蔡倫把紙獻給朝廷。這件事受到漢和帝劉肇的稱讚和嘉獎，漢和帝通令全國推廣，還讓史官記錄在冊。後來，人們就把這種紙叫作蔡侯紙。

經蔡倫改進後，中國古代形成一套較為定形的造紙工藝流程。大致有四道程序：第一是原料分離，就是用漚浸或蒸煮法讓原料在鹼液中脫膠，並分散為纖維狀；第二是打漿，就是用切割或捶搗的方法切斷纖維，並使之帚化，成為紙漿；第三是抄造，即把紙漿滲水，製成漿液，然後用篾席撈漿，使紙漿在篾席上交織成薄片狀濕紙；第四是乾燥，即把濕紙曬乾或晾乾，揭下就成了紙。

漢代以後，雖然造紙工藝不斷成熟完善，但上述四道程序基本未變。即使到了現代，濕法造紙的工藝與中國古代的造紙法仍無根

本區別。學者邁克爾·哈特在其著作《歷史上最有影響的一百人》中說:「顯然發明一種造紙技術是相當難的,它絕不會出現在發達程度一般的國家裏,而且需要有天賦的個人做出傑出的貢獻。蔡倫就是個這樣的人,他使用的造紙技術基本上沿用至今。」

另一方面,早在公元前 2 世紀張騫「鑿通」西域返回長安的時候,其身後已經跟隨着來自異國的商旅。這條橫亘亞歐大陸腹地的商路以「絲綢之路」為名聞名後世。商人從長安(或者洛陽)出發,經過河西走廊,穿越西域並跨越蔥嶺(帕米爾高原)後繼續西行,便進入了粟特人居住的錫爾河和阿姆河之間的河中地區。這裏乃是歐亞大陸東西貿易的重要地段,地勢平坦並有很多綠洲,有最古老的綠洲城市,系索格底亞納(粟特)地區與波斯地區之間的貿易中轉站。從河中地區的撒馬爾罕向西南行,出卡拉庫姆沙漠,便到達了薩珊波斯王朝最東部的城市木鹿,大批中國物品出現在位於底格里斯河岸的薩珊王朝都城泰西封(今伊拉克巴格達附近)等地。368 年左右,在幼發拉底河岸的巴達尼亞(Batnae)每年一次的集會上,已有中國(賽里斯人販賣)貨物出售。中國的許多物產隨着往來於絲綢之路的東西方商隊,或者政府間的信使人員而傳播到絲路沿途的各個國家,其中就包括中國紙。20 世紀以來,沿這條商路,各地出土大量漢、魏及晉、唐古紙,因此也可將這條商路稱為「紙張之路」。

中國紙大約在 3 世紀從敦煌開始西傳。新疆正是通往中亞、西

亞的必經之地，中國紙由駱駝商隊經甘肅、新疆向西販運，西域商客也在甘、新停留，從事貿易。早期探險家斯文‧赫定與斯坦因在新疆樓蘭地區曾發現3世紀中國麻紙殘片。經研究，這些殘片是由客居涼州（今甘肅武威）的商人南奈‧萬達（Nanai Vandak）在晉懷帝永嘉年間（307—313年）寫給其居住在撒馬爾罕的友人的信。而在吐魯番與高昌地區，20世紀初期的德國及日本考察隊也發現了4到5世紀的中國古紙。近年來，中國考察團在發掘中亦發現了寫有漢文、藏文、梵文及古代龜茲文的8世紀寫本。1972年在吐魯番發現的文書中，有一份被認定為公元620年之物，上面有造紙人「紙師隗顯奴」和高昌行政官員的姓名。另一殘片上寫有派遣囚徒到造紙場做工的行文。這說明在中原人民廣泛造紙以後，紙張很快就傳到西域各地，並且被當地人所利用。

撒馬爾罕紙

751年7月，唐朝安西四鎮節度使高仙芝的軍隊與黑衣大食（阿拉伯帝國）的邊防軍在中亞怛羅斯城發生了一次衝突。唐軍大敗，殘餘數千人，高仙芝僅以身免。但這場戰役的一個始料未及的後果是，阿拉伯人俘獲的唐朝戰俘中有造紙工匠，這些工匠被帶回到阿拉伯的中亞軍事駐地撒馬爾罕後，造紙技術開始在伊斯蘭世界生根。11世紀阿拉伯作家薩阿立比（960—1038年）在所著《珍聞諧

趣之書》中就寫道：「造紙術從中國傳到撒馬爾罕，是由於被俘的中國士兵。獲此中國俘虜的人是齊牙德・伊本・噶利將軍。俘虜中間有些以造紙為業的人，由是設廠造紙，馳名遠近。造紙業發達後，紙遂為撒馬爾罕對外貿易的一種重要出口品。造紙既盛，抄寫方便，不僅利濟一方，實為全世界人類造福。」

的確如此，造紙術傳入阿拉伯世界後，撒馬爾罕興建了第一批造紙工場，由中國工匠傳授技術，而且設備也是中國式的。撒馬爾罕豐富的大麻和亞麻植物加上灌溉渠中的水，為造紙提供了自然資源，紙的產量逐步上升，不僅滿足了當地需要，而且在與外地貿易中，紙張成為撒馬爾罕的重要商品。如同在中國內地造紙的習慣一樣，造紙工匠們以地方命名，把當地生產出來的紙叫作「撒馬爾罕紙」。不久，阿拉伯帝國各屬地都熟知了這種紙，當時的阿拉伯人說，在撒馬爾罕的特產中，首先應該提到的就是紙。

在阿拉伯帝國統治時期，絲綢之路空前通暢。哈里發朝廷在商路上為客商設置了宿舍和驛站，開掘了水井，設立換馬站；在倭馬亞王朝時期，商路上的驛站已達到 1000 個。帝國最著名的驛道即是橫貫中亞的呼羅珊大道（絲綢之路的中段），它西起帝國中心巴格達，向東經布哈拉、撒馬爾罕，直至今吉爾吉斯共和國境內的奧什，自奧什東南行，過特列克山隘至我國新疆的喀什，循「絲綢之路」至大唐的京城長安。正是反向沿着這條驛道，造紙業繼續從撒馬爾罕傳到巴格達。

當時的阿拉伯帝國首都巴格達是世界上最富庶的城市之一，也是宗教（伊斯蘭教）與文化的中心。793 年，阿拉伯帝國哈里發哈倫·拉希德在巴格達建立一家造紙工場，聘請中國工匠造紙。

　　1877—1878 年，在埃及的法尤姆、烏施姆南及伊克敏三地出土了大量古代寫本，總數達 10 萬件，用 10 種不同文字寫成，時間跨度長達 2700 年，多數寫在莎草紙片上，也有寫在羊皮及紙張上的，此發現震動世界。其中的阿拉伯文紙本文書，其紀年換算成公曆後相當於 791 年、874 年、900 年及 909 年。文書都是麻紙，紙上有簾紋，與中國唐代麻紙一樣。顯然，這些阿拉伯文紙本是以中國唐代技術製成的。

　　原本西亞地區廣泛使用羊皮紙作為書寫材料。羊皮紙是一種統稱，指使用動物皮革製成的紙張，以綿羊皮為主，也包括山羊皮、小牛皮等。質量最好的羊皮紙是用犢皮製成的，稱為犢皮紙。地中海地區在古代一直有使用動物皮作為書寫材料的傳統，但是成熟的羊皮紙製造工藝在公元 2 世紀中期後才出現。羊皮紙的價格高昂，加上寫一部書需幾百張羊皮，一般人是負擔不起的。生活於 11—12 世紀的阿拉伯作家雅古特給我們留下了第一手資料，他寫道，歷史學家泰伯里「40 年間，每天寫 40 張稿紙」。如果在造紙術尚未傳入的地區，即使有博通諸學、作業勤奮的譯員、作家，也無力支付昂貴的紙張費用。直到造紙術開始傳入西歐的 14 世紀上半葉，西歐市場每張羊皮紙仍需要 1.5 便士，相當於一個謄錄員的日薪。當時的

銀制湯匙值 10 便士，按市場商品價格比值估算，6〜7 張紙就是一把銀制湯匙的價值了。相比之下，中國技術製造的新型紙美觀、實用、輕便，而且更加廉價，不需要依靠畜牧業副產品，僅需廢舊布料等原料，這些原料隨處可見並且供應充足，因此新型紙迅速取代了先前用於書寫的羊皮紙。

哈里發朝廷非常欣賞新型紙張的優勢，通過法令規定政府辦公須用紙張，以代替之前使用的羊皮紙。很快，紙張憑藉它優越的書寫特性、低廉的成本和穩定的供給，將羊皮紙完全排擠出了巴格達的市場。政府在紙張量大、價廉的基礎上，大力發展官僚機構，新增的官僚部門達數十個。這些官僚部門的運作大量依靠文本溝通，從而形成了對紙張的依賴。而在其他領域，紙張也迅速佔領市場，伊斯蘭歷史學家伊本・卡爾敦（Ibn Khaldun）指出：「紙張被用於政府公文和外交文本。後來，人們也將紙張用於對公文書和學術著作，而造紙的技術也達到了精湛的水平。」

而真正促使紙張贏得阿拉伯帝國朝廷信任的，除了質量和成本優勢，還有一個更重要的特點 —— 相比於羊皮紙，阿拉伯紙的纖維材料更容易吸墨，從而使字跡變得無法擦除和更改。在中世紀，羊皮紙文獻易於塗改的特性一方面增加了羊皮紙的重複利用率，但另一方面也使得文獻的安全性和可信度大打折扣，這對於阿拉伯帝國這種集權程度較高的國家來說尤其致命，這也堅定了哈里發朝廷使用紙張的決心。在這一時期，帝國的首都巴格達出現了數百家經

營書籍和紙張的店舖，底格里斯河上的船隻除了載滿穀物，也同樣裝滿了紙張，沿河形成了繁榮的紙張生產、運輸和貿易區域。即使在盛產莎草紙的埃及，植物纖維紙也取代了曾作為通用書寫材料達3000年之久的莎草紙。一份公元9世紀末的埃及信函末尾寫着「請原諒，這封信是用莎草紙寫的」，對沒有用植物纖維紙寫表示歉意。可見即使是埃及，當時使用新型紙張寫信也已是很普遍的事了。

阿拉伯人見造紙有利可圖，於795年又在敘利亞大馬士革開辦了一家造紙工場。由於它臨近地中海海岸，交通方便，歐洲各國在本地建立造紙廠之前，紛紛向大馬士革購買紙張。從此，大馬士革紙壓倒撒馬爾罕紙，在歐洲大陸風行數百年之久。有趣的是，敘利亞境內有一個地方叫班畢城，後來也生產紙張。本來該地出產的紙叫作班畢紙，可是因為「班畢」（Bambycina）的發音跟歐洲稱棉花（Bombycina）的發音相近，以致出現了訛傳，結果在很長的時間裏，歐洲人都認為阿拉伯紙是棉紙，這當然是一個有趣的誤會。

阿拉伯的學問中心

阿拉伯帝國最初在半島的沙漠地區建立，由於缺少莎草紙的供應，羊皮紙也不十分豐富，所以紙張的傳入對其意義重大。8世紀，紙張傳入巴格達，阿拉伯人開始學習造紙術，這與巴格達的學術繁榮幾乎是同時出現的。紙張是中華文明對阿拉伯這個新生文明的贈

禮，可以説阿拉伯文明從誕生到發揚光大，紙張起着非常重要的作用。造紙業的發展及社會生活中廉價紙張的應用，令抄書成本大大下降，私人藏書成為可能，大學也有了更加廉價的教學載體。這一切都為阿拉伯帝國文化的繁榮奠定了基礎。

關於阿拉伯帝國的文化政策，曾經有一個流傳很廣的故事，説的是當年阿拉伯人從拜占庭帝國奪取亞歷山大（今屬埃及）的時候，哈里發歐麥爾曾下令把亞歷山大港圖書館豐富的藏書扔去澡堂做燃料。

中世紀歐洲人對此傳説津津樂道，儘管它與史實並不相符。亞歷山大的托勒密大圖書館遠在公元前 48 年就已被凱撒的羅馬軍隊焚毀。後來建築的姑娘圖書館也依照羅馬皇帝的法令，在 389 年前後被焚毀。因此，當阿拉伯人征服埃及的時候，亞歷山大港已經沒有什麼重要的圖書館了。

在阿拉伯帝國生機勃勃的興起時代，阿拉伯怎麼可能輕視圖書館內的藏書呢？恰恰相反，在當時的阿拉伯世界，傳遞和保存知識的書本被視為巨大財富。9 世紀時，巴格達人以城內有百餘家書商而自豪。穆罕默德先知就曾教導穆斯林信眾：「求知，是每個男女穆斯林的天職。」在不久之前還過着遊牧生活的貝都因人（以氏族部落為基本單位，在沙漠曠野過遊牧生活的阿拉伯人）「雖然只有很少的一點科學、哲學和文學基礎，但是他們從沙漠裏帶來了強烈的好奇心，難以滿足的求知慾」，「從沙漠來的征服者……證明自己是何等

好學的學生」。

阿拔斯王朝（750—1258 年）的前幾任哈里發崇尚學問，把巴格達變成了當時世界的學問中心。曼蘇爾設立專門的機構掌管醫學和星象學，並積極鼓勵通過絲綢之路引進異國先進的文化知識。而第七任哈里發麥蒙（813—833 年在位）本人就是一位學者，對數學和天文學深感興趣。

他在巴格達建立了一所綜合性的學術機構 —— 智慧館（由圖書館、科學院和翻譯局三部分組成），並曾給出與書稿等重的黃金的天價作為報酬。在這裏，世界各地的科學知識被譯成阿拉伯文，深入人心。

在阿拉伯人的勢力範圍內，各地區先後掀起了亘古未有的翻譯、考證、勘誤、謄錄、註釋、增補古典遺產的運動。這場運動從 9 世紀開始，以各大城市為中心，以翻譯、註釋為主要內容。在這場長達百年的「翻譯運動」中，古希臘重要的哲學和自然科學著作，如柏拉圖的《理想國》《對話集》，亞里士多德的《形而上學》《倫理學》，歐幾里得的《幾何學原理》，托勒密的《天文集》，等等；還有印度的數字（即今天的阿拉伯數字）、波斯的歷史巨著《列王記》，從絲綢之路的兩端匯集到巴格達，隨後在智慧館裏被譯成阿拉伯文。巴格達城建成後，僅僅 75 年工夫，阿拉伯學術界就已掌握了亞里士多德主要的哲學著作、新柏拉圖派主要的註釋、格林醫學的大部，還有波斯、印度的科學著作。希臘人花了好幾百年才發展起

來的東西，阿拉伯學者在幾十年內就把它完全消化了。若沒有阿拉伯人發現、整理和吸取希臘的成果，並做出有價值的註釋和寶貴的貢獻的話，人類很可能要失掉一筆巨大的文化遺產。譬如格林所著的解剖學的七本希臘語原本早已散佚，幸賴阿拉伯語譯本得以流傳至今。

在當時的歐洲人幾乎完全不知道古希臘的思想和科學之際，這些著作的阿拉伯語翻譯工作已經完成。在中世紀的黑暗中，是阿拉伯世界的星光照亮了地中海的科技天空。恩格斯在《自然辯證法》中說：「阿拉伯留傳下十進位制、代數學的發端、現代數學和煉金術，基督教的中世紀什麼都沒留下。」「當歐洲文藝復興時期的偉人們把知識的邊界往前開拓的時候，他們所以能眼光看得更遠，是因為他們站在阿拉伯世界巨人們的肩膀上。」美國前總統尼克遜曾這樣總結。

如果說阿拉伯利用翻譯、著述等卓有成效的文化活動形成的豐富藏書為人類豎就了一座歷史的文化豐碑，那麼，以中國的造紙技術和方法生產出來的阿拉伯紙，正是豎就這座豐碑不可替換的坯石。而就絲綢之路來說，阿拉伯人使用印度發明的數學字母在以中國技術製造的紙張上繼續發展由古希臘人開始的「精確的自然研究」這一事實，已經比任何言辭都更雄辯地證明，這條貫通歐亞的古老商路，同樣也是聯繫古代人類智慧的重要紐帶。

造紙術進入歐洲

　　不過，造紙術繼續向西傳播的過程卻並不順利。在長達 400 年的時間裏，造紙術竟成了阿拉伯人的「專利」。阿拉伯人為了不泄露造紙技術，維持自己的壟斷，把制漿部分的生產環節安排在偏僻的地方，並且嚴加把守，決不讓人弄清楚紙漿是怎樣製造的。但是，他們公開造紙的具體操作，甚至讓造紙工匠在大街上表演撈紙，以吸引觀眾。這種撈紙表演的遺風，在阿拉伯世界和西方國家流行了相當長的時間。

　　雖然如此，文化發展和社會進步的潮流仍然是不可阻擋的。從 12 世紀開始，歐洲的檔案記錄變得多了起來，各種地契和城市、教會、國家政府的檔案記錄都需要書寫材料。文化和法律的復興、城市的興起、大學的建立越來越需要更加充足的書寫材料，而原本的羊皮紙供應無法滿足需求。這就使得造紙術終於衝脱桎梏，進入了歐洲市場。

　　首先，隨着伊比利亞半島併入阿拉伯帝國，阿拉伯紙自然傳播到了那裏。11 世紀，造紙工藝也在西班牙生根。最早的造紙廠出現於 1150 年，這家造紙廠位於瓦倫西亞西南，附近有一條古代的灌溉水渠。當地從羅馬時代就以亞麻紡織業聞名，所以有豐富的造紙原料，主要生產麻紙。12 世紀，這個地方生產的紙已經很有名氣，並向地中海其他地區出口，當然也包括臨近的西歐各地。當基督徒們

的「再征服運動」最終將阿拉伯人的勢力從整個伊比利亞半島趕走之後，當地剩餘的造紙作坊成為歐洲造紙業興起的一個重要源頭。

歐洲接觸阿拉伯紙張的另一個重要方式就是通過意大利商人。11—12世紀，阿拉伯紙通過地中海從北非的埃及、摩洛哥運往意大利，由此再轉運到歐洲大陸各國。最開始，意大利人是因商業需要接觸阿拉伯紙，由於商業活動涉及大量的票據和憑證，因此需要一種價廉、量大、不易修改的書寫材料，而阿拉伯紙正符合這種需要。相比於羊皮紙，它容易獲得，並且更加安全。阿拉伯紙的使用大大便利了意大利商人的商業活動，而這種書寫材料也逐漸進入意大利本土。1221年，因紙張的進口耗費了大量金銀，當局下令禁用阿拉伯紙，規定一律在羊皮紙上書寫，但未能生效。整個13世紀，阿拉伯紙仍源源流入意大利，而意大利金幣也不斷消耗於進口紙張上。可見紙張的優越性是任何外部力量都無法遏制的。1276年，意大利中部的法布里亞諾（Fabriano）出現了第一家造紙作坊（從埃及引進技術），雖然意大利人生產的紙張質量普遍不如敍利亞和巴格達的產品，但成本十分低廉，產量也很大。13世紀末期，意大利的造紙作坊已經發展到7家。於是，繼西班牙之後，意大利成為歐洲第二個重要的造紙中心。造紙術從這裏繼續傳入歐洲大陸腹地的瑞士和德國等地。此後，歐洲各國都先後建立起本國的造紙業。英國因為與歐洲大陸有一海之隔，造紙技術傳入比較晚，15世紀才有了本地的造紙廠。到了17世紀，歐洲各主要國家都有了造紙業。偏處

北歐一隅的瑞典於 1573 年建立了最早的造紙廠，丹麥於 1635 年開始造紙，1690 年建於奧斯陸的造紙廠則是挪威最早的紙廠。

在造紙術傳入歐洲後的很長時間內，歐洲人所造的紙質量不高。中世紀歐洲人造紙用破布和麻類做原料，與中國人用麻、竹、皮革等多種原料相比，略遜一籌。歐洲竹子少，歐洲人用的造紙工具不是竹簾，而是用木頭和銅絲等製成的篩網。篩網包含一個木製框架，鑲接一張金屬成形網，主要部分是金屬線，通稱網鏈，由成形網濾掉紙漿的水分後，得到厚度不一的紙，迎光可見明暗交織的網紋，再經上膠、上光等工序，即成塗布紙。這與中國單人掌簾或者雙人抬簾有所不同。歐洲人不在紙漿中加纖維懸浮劑，故歐洲紙較厚實光滑，這主要是為滿足鵝毛筆和染料墨水的書寫要求。十六七世紀，意大利傳教士利瑪竇來到中國，他向中國朋友贈送十張歐洲紙作為禮物，結果發現歐洲紙並不適宜中國毛筆書寫。

造紙術的掌握對於中世紀歐洲來說意義重大。有人認為阿拉伯紙對於近代歐洲的形成具有重要的作用，「阿拉伯紙的推廣加速了意大利和北歐的商業發展。它促進了修道院院牆之外的著書立說……紙這個媒介把希臘科學、阿拉伯數字和效率更高的計算方法傳到歐洲」。正是紙本書籍的批量生產，為偉大的文藝復興奠定了堅實的物質基礎。

中世紀的歐洲，禁慾主義和宗教主義統治一切，神學和經院學壟斷文化領域，整個歐洲都處於中世紀的黑暗之中。其根本原因是

書寫材料（和印刷術）的限制，文化信息的傳播極其困難，人民處於蒙昧之中而甘受統治。並非普通人不願意學習科學知識，而是沒有機會。當時生產一本羊皮紙的《聖經》需要 300 張羊皮，價格之昂貴是普通民眾所無法想象和接受的。因此，書寫材料和書寫行為本身都被歸於一種精英文化，只有極少數的修士才能讀書寫字，才能受高等教育，平民是沒有任何機會的。

直到有了中國的造紙術之後，過去傳播思想的昂貴材料被一種經濟的材料取代，這就促進了人類思想成果的流傳。從此之後，歐洲人得到了便宜的書籍，文化、知識、教育才真正從修道院中解放出來，人民的思想才得以啟蒙，新的知識像開閘的洪水一樣，成千上萬的思想家、科學家、藝術家湧現出來。可以説，經過絲綢之路最終傳播到歐洲的造紙術在這一變革當中，起到了絕對重要和無可替代的作用。

絲路上的「中國風」與印刷術

「蒙古和平」下的絲綢之路

　　1206 年春，在漠北草原斡難河源的大帳前，九尾白旄纛（用九條白馬尾做成的旌旗）迎風飄展，草原各部首領正在舉行一次具有歷史意義的「忽里勒台」，一致同意尊奉鐵木真為蒙古大汗，上尊號「成吉思汗」。大蒙古國（Yeke Mongghol Ulus）的建立結束了漠北草原四分五裂混戰不休的亂局。東起興安嶺，西至阿爾泰山，南達陰山，北抵「林中百姓」居住地區（貝加爾湖附近）的廣袤土地成為成吉思汗一統的天下。

　　成吉思汗祖孫三代的征戰，實現了後來西方學者所說的「蒙古

（統治下的）和平」（Pax Mongolia），當時的西方人甚至驚呼：「蒙古不是一個國家，蒙古就是整個世界。」

阿拉伯帝國與大唐衰敗後數百年來時斷時續的東西方交通，在「蒙古和平」時期已經暢通無阻。此時的絲綢之路北穿今天的南俄羅斯，南貫波斯，其中一條從中亞細亞沿天山北麓直通和林（今蒙古國哈拉和林），再從那裏通到大都（今北京）；另一條從西伯利亞南部沿薩彥嶺北麓直通和林與大都，當然還有從中亞經河西走廊直通中原的傳統商道。商隊在旅途中所花費的時間由於道路條件良好而大大縮短，在當時以牛車、馬車為主要交通工具的條件下，從克里米亞半島到大都（今北京），不過五六個月的行程。

順着絲綢之路，蒙古統治者「在國土上遍設驛站，給每所驛站的費用和供應作好安排，配給一定數量的人和獸，以及食物、飲料等必需品」。每個驛站間隔的距離，一般情況下是當時的交通工具一天左右的路程，即 30～50 公里。驛站所提供的交通工具也因地區有異，從馬、牛車、驢車、駱駝車、船，一直到狗拉爬犁。當局從當地徵收的「全部收入用於支付強征的簽軍、驛站和使臣的開銷。

除此以外，不得干擾百姓，不得非法征索，向他們要東西，更不得接受賄賂」，其中竟有半數是用來維持驛站運營的，包括經營驛站本身的費用，如糧食、交通工具、牲畜等，以及提供給過往使臣、官員、宗王、商人等的食宿之費。

得到蒙古帝國精心維護的驛站系統自然是商人的福音。在 14

世紀出版的一本商業手冊《通商指南》中，佛羅倫薩商人佩戈洛蒂（Pegolotti）強調，通往中國的道路「無論是在白天還是在夜晚，都是非常安全的」，即使稍有危險的路段，「若結隊至60人同行，即當最危之際，亦與居家無異」。蒙古當局還頒發了一種具有護照和信用卡功能的原始證件，所謂的「牌符」。這是一塊比手掌大的金牌、銀牌或木牌，它用一根鏈條穿着，戴在脖子上或系在衣服上。「牌符」的持有者可以在帝國全境平安旅行，「適千里者如在戶庭，之萬里者如出鄰家」。

中亞地區的絲路重鎮中，雖然大都在蒙古西征時經歷了兵燹，但大多數隨後就因大規模的東西方貿易活動而重新恢復，到1259—1260年，即成吉思汗西征40年後，「這些州縣在某些方面已達到原來繁榮昌盛的水平，而在另一些方面很接近原來的水平」。比如13世紀中亞最著名的商業重鎮玉龍傑赤，在佩戈洛蒂的《通商指南》中，這裏已經重新成為東西方貿易的樞紐，「商務繁盛，貨到即可銷出」。在中世紀著名的阿拉伯旅行家伊本·白圖泰看來，玉龍傑赤是「最寬闊、最雄偉、最美麗、最龐大的城市。市場建築雅緻，街道寬敞，房舍鱗次，真是美不勝收。該城人口之多宛如潮湧」。

此外，蒙古帝國時代的絲綢之路還出現了一條新的商路，從黑海沿岸克里米亞半島附近的亞速起始，向東越過伏爾加河，橫穿欽察草原或者轉向東南進入中亞。「在欽察汗國整個存在時期，亞洲是從基輔城的南郊開始的。」

這條連接歐亞的商路在欽察汗國境內，黑海的港口與蒙古統治下的東亞市場相連，草原地區或北部森林地區出產的糧食、牛馬、皮毛、木材和魚蝦，以及中國或中亞生產的奢侈品——譬如絲綢（包括生絲）和瓷器——都是由船隻或商隊運送到拜占庭、埃及、敍利亞和意大利等地的。作為交換，珍寶、貴金屬、香水、水果以及非洲牲畜也源源不斷地運往中亞和中國。伊本·白圖泰曾記述：「薩萊城是最美的城市之一，它建在平原上，規模特別大，人口眾多，市場壯觀，街道寬闊……到處都有漂亮的市場，寬闊的街道，大量的清真寺。這裏的絲織品大部分是從中國運來的，從匈牙利、俄羅斯，甚至意大利來的商人用不着到中國去買中國絲織品。他們可以在這裏買到它。」

波斯的「中國風」

實際上，「蒙古統治下的和平帶來了偉大的突破，它使人們的視野從地中海轉向亞歐大陸」。元世祖忽必烈的弟弟旭烈兀在西亞建立了自己的汗國，即蒙古四大汗國之一的伊利汗國（舊譯伊兒汗國），「伊利汗」（Il-khan）意為「總督」，這本身就説明旭烈兀承認忽必烈（以及元朝皇帝）是帝國大汗，而自己的汗國則是元朝的藩屬。事實也是如此，旭烈兀以後的歷代伊利汗即位，都以得到元朝皇帝的冊封為合法程序，當然元朝皇帝也從未刁難伊利汗的冊封。

伊利汗國是以波斯（今伊朗）領土為中心建立起來的，而波斯在古代就以其發達的文明著稱於世。中國作為世界文明古國之一，與伊利汗國在經濟、文化方面的交流極具吸引力。一些著名的大商人不斷往返於兩國之間，如「波斯人馬思忽惕之父牙豁卜（Yacob）為大商，於 1276 年自忽必烈駐所還」。既然牙豁卜為大商人，他返回伊利汗國，當然少不了貿易經商活動。隨着 1258 年巴格達為旭烈兀所攻陷，並降為伊利汗國的一個邊疆省區，這座「天賜花園」失去昔日的顯赫地位。取代巴格達商業地位的則是阿塞拜疆地區的大不里士（今屬伊朗）。這個伊利汗國的首都位於西至小亞細亞，北達南俄羅斯的交通要道上，因而作為一個國際大都會異常繁榮起來。馬可·波羅聲稱：這裏「位置適中，是商業樞紐，所以印度、巴格達、摩蘇爾、克雷默索和歐洲等地的商人，雲集在這裏進行貿易，吞吐量很大，城中珠寶的貨源十分充足，可供各地商人前來採購」。意大利商人在這裏可以輕鬆地獲得伊朗和中國的織物、東印度群島的香料。大不里士奪走了波斯灣所有的香料貿易，這些香料被直接運到大不里士，而不是巴格達、巴士拉及其他古代貿易中心。

當時，僅在大不里士就「聚集着各種宗教、各種派別的哲學家、天文學家、學者和歷史學家」，空前暢通的絲綢之路推動東西方之間的交流達到了前所未有的程度。中國發明的火藥正是在蒙古西征時傳入伊斯蘭世界，進而進入歐洲的。反過來，元朝也曾從伊利汗國引進亦思馬因和阿老瓦丁製造的巨型投石機「曼扎尼克」。中國

本土原來也有稱為「炮」的拋石機。宋代曾公亮在《武經總要》中寫道：「凡炮，軍中之利器也，攻守師行皆用之。」這本書裏記載了宋代使用的 16 種拋石機，其中 7 種拋石機的形制、射程等為該書所詳載。不過傳統的炮具由於自身的缺陷，在運用時均用力太多，而所拋炮石之重量則甚微，只有幾斤、幾十斤。僅就威力較大的「七梢炮」來看，射擊時拽手人數多達 250 人，炮石的重量不過 90 斤，而射程僅有 50 步而已。這是因為這麼多人人手一條索子，用力無法一致，用力松緊也很難一致，因此事倍功半，殺傷力不足。

這使得炮具雖然廣泛應用於歷史上的各類戰爭，但並沒有在戰場上起到決定性的作用。

而亦思馬因和阿老瓦丁為元朝製造的「曼扎尼克」巨型投石機比中國原有的拋石機要先進得多。中世紀阿拉伯國家設計、製造的拋石機非常先進，西方人認為，中世紀阿拉伯拋石機的破壞力可與近代曲射炮的火力相比，打在建築物上，其破壞程度是不可估量的。「曼扎尼克」之類的拋石機在傳統攻城炮具的基礎上被做了改進，去掉了拋射杆末端繁多的拽繩，改為在杆的末端懸垂一個重物。這樣只需在炮的前端根據作戰要求設置幾個到幾十個不等的士兵放置石彈，而後端僅需二至三人控制擊發即可操作。投石機發射時將拋射杆前段壓下，用扣發裝置鎖住，在前端的皮兜中放置石彈後把扣發裝置打開，利用槓桿原理，重物下墜，前端就順勢翹起，而皮兜中的石彈就在離心力的作用下飛射出去。改進後的新式拋石

機擊發的石彈重量為 150～300 斤，極大地提高了攻擊力。即便發射同等重量的石彈，新式拋石機的射程也比傳統炮具遠出不少。這種「曼扎尼克」在元軍攻克南宋堅城襄樊中起了決定性的作用。

好在通過絲綢之路的交流並不都是為了製造威力更大的武器。旭烈兀早年西征時就帶去了許多中國醫生，他生病時，由隨侍的中國醫生治療。伊利汗國的合贊汗（1295—1304 年在位）患眼疾，由中國的熱灸療法治癒。唐代孫思邈的《千金要方》在元代被譯成波斯文。與此同時，阿拉伯的醫學知識也傳入中國，明代醫學家李時珍的《本草綱目》中已記有許多阿拉伯傳統藥物和醫法。可以說，經由絲綢之路傳入的東方影響在伊利汗國隨處可見。波斯和阿拉伯世界酷愛中國的藝術，那裏的人們仿造中國的瓷器，學習中國的水墨畫，戴中國式的帽子，穿中國式的服裝。中國風尚在蒙古人統治時期的伊朗社會中已成為最流行、最有感染力的新事物。

最早的紙幣

在洋溢着「中國風」的伊利汗國，甚至出現了紙幣這一當時堪稱新奇的物品。

毋庸置疑，紙幣源自中國。中國最早的紙幣是「交子」，出自 10 世紀北宋時期的四川民間，當時四川鐵錢繁重，商人為方便交易與攜帶，出具了一種兩面印花紋的紙券，金額由商人臨時填寫。「交

子」的叫法與四川方言習俗有關，是對照票據取錢的意思。「交子」起初由商人自由發行，信用度低，後十六戶富商主持印製與發行，再後來，私「交子」被取締而由政府發行官「交子」。宋朝紙幣主流為「交子」「錢引」「會子」「關子」，紙幣實行「屆」制，一般三年為一屆，期滿發行新紙幣兌換舊紙幣。官交子從天聖元年（1023 年）至大觀元年（1107 年）共發行四十三屆，繼之的錢引至南宋寶祐年間（1253—1258 年）共發行五十八屆，會子從乾道五年（1169 年）到嘉熙四年（1240 年）共發行十八屆，南宋後期發行關子，從景定五年（1264 年）至宋代滅亡為止。

到了元代，紙幣（鈔）更成為全國通行的唯一法定貨幣。元廷禁止金銀、銅錢在市面流通，「只准官收作價」，將收集的金銀集中於國庫作為紙幣發行的「本」（準備金），用嚴厲的國家法令強迫百姓只能使用元朝紙幣。至元十九年（1282 年），元朝政府頒佈了具有劃時代意義的《整治鈔法條劃》，對元朝紙幣的發行流通等做了基本規定。5 年後，元廷根據社會經濟形勢的發展變化並針對前一個「條劃」在執行中出現的新問題，又頒行了《至元寶鈔通行條劃》十四款，這是中國，同時也是世界上最早、最完備的幣制條例。正是依靠這個條例，元朝紙幣流通得以成為「純紙幣」流通。新條劃十四款詳盡地規定了元朝基本的幣制規範，如寶鈔種類和票面單位、寶鈔發行和易換方法、發行準備金辦法、寶鈔行用範圍和新舊鈔比價、買賣金銀辦法與私自買賣金銀的懲處、偽造寶鈔的懲處

等。元廷設立獨立的諸路寶鈔提舉司，全國各地設平准行用庫，以具體貫徹執行這些制度。寶鈔提舉司專司寶鈔的印製、發行和日常管理，平准行用庫則是由政府撥給一定鈔本，通過其分佈廣的優勢吞吐金銀、紙幣，用以平抑物價，藉以推行鈔法。通過這些措施，元朝的紙幣「東進渤海、西貫中亞、南達夷越、北窮朔漠，莫不通行」。近代以來，從吐魯番等地出土相當數量的元代「中統鈔」及「至元鈔」，也可看作是上述説法的佐證。當時，元廷官員的俸祿、軍兵的餉銀都用寶鈔發放，政府稅收、市場買賣、借貸等均必須使用寶鈔。馬可·波羅親眼所見，大元帝國的所有臣民都毫不猶豫地接受這種紙幣，使用起來「竟與純金無別」。

毫無疑問，元朝紙幣是我國 3000 餘年貨幣文明史上燦爛的一頁。它開世界純紙幣流通之先河，借元朝遼闊版圖，流通範圍空前廣大。其影響所及，竟遠至西亞的伊利汗國。13 世紀末期，伊利汗國正處在財政危機之中，「國帑……罄盡，且不能舉債。由是不能以一羊供汗食」。在這種情況下，有人想到了元朝暢通無阻、萬般靈驗的紙幣，並希望通過它來擺脫財政困境。當時服務於伊利汗廷的元朝丞相孛羅告訴伊利汗乞合都：「紙幣是蓋有大汗印的紙，紙幣代替金屬鑄幣可在元朝四處流通，元帝國所有的硬幣巴里失（銀錠）便被送入國庫存儲。」乞合都汗意識到紙幣的生產成本低，卻可累積金銀，世上的金銀對其而言永遠不夠，於是贊成在伊利汗國印刷、發行紙幣，遂於 1294 年 5 月初召開了有關紙鈔的會議。經過幾個月

的準備，伊利汗國於 1294 年 9 月 12 日正式發行紙幣。

這是在世界貨幣史上值得大書特書的時刻。波斯歷史上以使用金銀幣為主，尤其是中世紀早期的薩珊王朝。銀幣在中亞一帶曾被作為國際性貨幣廣為流通，這裏很少使用銅幣，更從未使用過紙幣。因此，伊利汗國紙鈔從其形制、面額到發行管理上幾乎完全照搬元朝的紙幣制度，紙幣上印有印刷的時間、幣值及偽造紙幣的懲罰措施等，乞合都汗同時還下令模仿元朝紙幣的管理模式在各州建立鈔庫，鈔庫設有庫使、書手、出納員及其他掾屬（工作人員）；發禁令禁止使用金銀。

至於伊利汗國紙幣的具體樣式，有着大同小異的兩種記載。其一記載，伊利汗國紙幣是寫有漢文「鈔」字樣的矩形紙，紙幣的上部與兩側寫有「伊利汗國鑄幣」字樣，也有寫「除了安拉之外再無他神」和「穆罕默德是安拉的使者」，紙幣下部有用藏文寫的「仁欽多吉」（大金剛），有用阿拉伯文寫的「大通寶」，紙幣中央畫有圓圈，代表紙幣金額，紙幣面額從半答剌黑木到十第納爾不等，最下面有幾行文字：「世界的帕迪沙於 693 年（1294 年）強行發行吉祥鈔，偽造者株連其妻子孩子一起受刑，然後處死，沒收其財產。」其二則載，紙幣以紙製作，形狀為長方形，紙幣上印有漢文、數字，紙幣正反面皆印有「安拉外無他神，穆罕默德是真主之使徒」字樣。紙幣下方印有亦憐真朵兒只（Irentchin Tourdji）的名字，紙幣上蓋有乞合都尊號的印。紙幣上有圈，圈內印有紙幣的金額，

紙幣有自半答剌黑木到十第納爾等面額，下面寫有禁令「世界之主在 693 年頒發此順利之鈔，有偽造者並其妻子處死，財產籍沒」。

挫折與影響

可惜的是，紙幣在伊利汗國只是曇花一現。用一張紙作為價值符號，由國家法律規定來作為貨幣流通是完全可以的，但必須有充足的準備金及完善的管理制度作保證，紙幣才能代替金屬貨幣充當流通手段。伊利汗國的統治者不了解紙幣的這一原理，而是錯誤地將其當作一種搜刮財富的手段，為了擺脫財政危機而求助於紙幣，完全違背了紙幣發行的規律，是一種超經濟的掠奪，帶來的只能是災難。

起初迫於乞合都汗「買賣東西時不用紙幣而用其他錢幣者處死，不把金銀送到鈔庫換取紙幣的人也處死」的嚴令，大不里士的商人們不得不把金銀幣換成紙幣，可他們不能接受這種紙質錢幣，城內商人賺取的紙幣不能用於在其他地方購置商品，人們用紙幣換取不了多少東西，形同廢紙。商隊不敢再從大不里士經過，大部分居民因沒有商品供應而不得不離開這座伊利汗國的京城，臨行前，他們已買不到食物。流氓在大不里士的街道橫行，在大街上搶奪穀物、水果，遇到反抗者便扔給紙幣，並說道：「賣給我們吧，給你美好的紙幣。」結果，大不里士近乎荒廢。

乞合都汗路過集市，發現街道空蕩，貿易和關稅徵收完全停止，臣下只能解釋説是某位地方官去世（大不里士如果有官員去世，按照風俗習慣，人們得待在家中為達官貴人舉哀）。人們常在偏僻的地方用硬幣交換食物，有些人因這些交易暴露而被處死，市場貿易又退回到原始的物物交換狀態。就連伊利汗國的王公也抵制紙幣，乞合都汗曾命使者帶紙幣與製作紙幣的材料前往宗王合贊的封地，合贊不願在其封地印刷、發行紙幣，以其封地氣候潮濕，紙張難以保存為由拒絕了使者，並將使者帶來的紙幣集中焚燒。如此嚴峻的現實迫使乞合都汗頒佈詔令，准許以金屬貨幣進行貿易。於是，「人們振作起來，開始公開用硬幣進行貿易，逃走的人們開始返回城裏，在短時期內城市重新繁榮起來」。伊利汗國的紙鈔行用僅兩個月便被廢止了。

　　儘管如此，它卻使波斯人、阿拉伯人具體接觸到紙鈔，其影響所及，至今波斯語仍稱紙幣為「鈔」。更為重要的是，乞合都汗仿效元朝使用紙幣帶來的另一個結果，是我國雕版印刷術的西傳。紙幣作為錢幣，自然會被大多數人關注，人們也會注意到紙幣背後的印刷技術，譬如仿造紙幣者肯定很快就會意識到這種新技術。眾所周知，印刷術是我國古代四大發明之一，早在 8 世紀初的唐朝，當時的人們已開始使用雕版印刷技術大量印製佛經、書籍傳播知識了，而同時期的波斯等阿拉伯地區及歐洲基督教會仍停留在手抄古代傳本的古老方式上，有可能接觸書籍的僅限於宗教人士及貴族。1294

年伊利汗國仿照元朝「鈔印用木為版」的技術印刷紙幣，是雕版印刷技術西傳的最早記載，具有十分重要的意義。正如著名印刷史專家卡特（Thomas Francis Carter）分析的那樣：「它們（指伊利汗國的紙幣）作為錢幣說，是一文不值的，但如果落入有發明天分的人手裏，卻可以成為對文明極寶貴的東西，其次這種紙幣的發行，也表示大不里士當時已經有一些知道如何印刷的工匠。」確是如此，1310 年伊利汗國歷史學家拉施特・哀丁的巨著《史集》就記錄了中國雕版印刷術，這意味着中國印刷術已經傳播到中東地區。

由於大不里士是當時雄踞西亞的伊利汗國的首都，地處中、西亞政治經濟的中心，歐洲、非洲和亞洲許多國家的商人和僧侶都雲集於此，進行貿易和宗教活動。中國的印刷知識通過他們的活動勢必傳播到許多未知印刷的地域。木版印刷術於 14 世紀末傳入歐洲，打破了教會對知識的壟斷，擴大了受教育的範圍，對歐洲社會有深刻的影響。16 世紀中葉，意大利歷史學家約維斯就斷言歐洲的印刷術源自中國，肯定了中國印刷術對歐洲文明產生的影響。甚至可以說，「西方世界現代文明進程中的幾乎每一項成就都以不同方式與印刷的引進和發展有聯繫」。

第二章

西進與東出

絲綢在歐洲

絲綢來到歐洲

絲綢的原產地是中國。相傳在軒轅黃帝時代，黃帝的元妃嫘祖是我國養蠶織帛的祖師。傳說，嫘祖是在觀察毛蟲織網時頓生製造絲綢的念頭的，這正如文字的發明者受到了鳥類在沙灘上留下足跡的啟發，驟生靈感一樣。

而考古發現卻證明，中國先民開始製作絲綢的時間甚至早於傳說中的三皇五帝時代。浙江寧波河姆渡的新石器時代遺址中已經發現了大約公元前 3600 年的紡織工具和染色的薄紗。更加複雜的絲綢式樣，包括公元前 2700 年的緞子，也從浙江另一個遺址中出土。甚

至在公元前 5000 至公元前 4000 年的山西夏縣西陰村古文化遺址下層，也發現了半個顯然是人工割開的繭殼和紡織用的各種綠泥石，以及用貝殼製造的墜子。到了商代後期的《卜辭》裏，已經出現了祭祀蠶神的記錄，以及蠶、絲、帛的甲骨文單字。在那些甲骨文中，古代人民還把桑樹作為春天的代表而創造了「春」字，這是我國最早的關於蠶桑絲帛的文字記載。

到了漢代，中國的絲綢工藝已經十分成熟。漢武帝在位期間，政府賦稅取得的絹帛，有時一年可達 500 多萬匹。當時我國勞動人民在織造和漂染技術方面已達到很高的水平，不僅能生產出五顏六色的絹帛，還能織出花紋豔麗、色彩繽紛，為人們所喜愛的彩綢。長沙附近馬王堆鄉軑侯利蒼夫人陵墓中就發現了染色絲綢簾帷、四十六卷絲綢和絲綢服裝、裙子、襪子、連指手套、鞋、枕頭、香囊、鏡匣和包裹物（用於包裹墳墓中的其他物品），還有素面的塔夫綢和素羅紗，都被染成了褐、灰、朱紅、黑紅、紫、黃、藍、綠和黑色。另外還有染色絲綢和有編織圖案的絲綢，兩種絲綢都有自然色和彩色的。

在整個封建時代，養蠶織絲一直是中國社會最重要的手工業之一，這從蜀漢丞相諸葛亮「今成都有桑八百株，薄田十五頃，子弟衣食，自有餘饒」的說法裏就可見一斑。小農僅靠耕田無法應付繁重的苛捐雜稅，小農家庭的婦女都要進行紡織，特別是織造高質地的絲織品，拿到市場上出售，換取錢財交納賦稅。在一切可以從事

養蠶的地區，所有家庭的姑娘、母親和祖母每天都將大部分時間用於飼養、照料和護理蠶，以及繰絲、紡線、織布、染色和刺繡。而長期種植桑樹和養蠶甚至影響了長江三角洲地區的自然景觀。在這個「魚米之鄉」，縱橫交錯的狹窄水道的岸邊常栽種着低矮的桑樹。雖然野桑樹可以長到15～18米高，但由於被頻繁地採摘，它們會長成長節的葡萄藤狀。

在這一地區，蠶在用白灰粉刷過的農舍中被放置在大而扁平的蠶匾裏飼養。照顧它們，還要遵循十條傳統原則：「卵產在紙上後要保持室溫涼爽；孵化後室內要保持溫暖；蛻皮期間不能喂食；在睡眠的間隙，要供應充足的食物；它們之間不能靠得太近，也不能離得太遠；蠶在睡眠時蠶室要保持溫暖、避光；蛻掉皮後，室內要保持涼爽，光線要充足；剛剛蛻皮後的一段時間要少喂養，但當它們長成後就永遠不能缺少食物；它們的卵應該緊密地擺放在一起，但不能卵上堆卵；潮濕、乾枯或沾滿灰塵的葉子不能用來喂蠶。」

在傳統中國社會，養蠶通常是家中婦女的分內事，連帝國的統治者也不例外。位於北京中心的北海公園曾經是明清兩朝的皇家園林，在這裏建有皇家先蠶神殿和先蠶壇。兩個石祭壇用於檢查喂宮廷蠶的桑葉，宮廷蠶就養在沿先蠶神殿外牆而建的石房子裏。每年陰曆三月，皇后殯妃們就前來祭祀蠶神媒祖。

蠶絲是世界上最好的紡織原料之一。由於絲支纖細，光潔柔軟，耐磨、耐熱、耐酸、耐堿、絕緣，排濕吸汗，富有彈性，因此

用蠶絲織成的薄紗、絲絨、綢絹、錦緞、彩綢衣料是世界各族人民最喜愛的商品。而據成書於戰國時代的《穆天子傳》記載，當時周穆王到西域，就曾以各種絲絹、銅器、貝幣等物贈給當地的酋長。當地的酋長也以玉石、馬、牛、羊、駱駝等物還贈周穆王。等到張騫通西域之後，漢武帝出兵三次大敗匈奴，徹底打通了西域與中國的交通。由於絲綢自身有着不易腐爛變質、攜帶輕便、適於長途販運的優點，迅速成為中西商貿中的主要商品。當漢使於公元前 115 年將贈賜的絲綢帶到帕提亞後，很可能引發了帕提亞帝國商人直接來華購買絲綢的動機。按照漢王朝一貫的作風，「隨漢使來觀漢」的帕提亞人，在返回時定會攜帶大批的絲綢西去。同時，由於兩國關係較好，亦有漢朝的商人直接進入帕提亞的情況。就絲綢之路開通早期的情形而言，絲綢的輸入是由賞賜即補貼開始的，絲綢成了價值奢侈的標準，小國君主接受的這種賞賜、補貼太多，便把它們賣到更遠的地方去。帕提亞地處中西方交通要津，正是以這裏為中介，中國的絲綢進入地中海世界。

從羅馬帝國創建伊始，地中海大部分貿易都由希臘人所主宰。甚至在羅馬，許多代理商 —— 他們或是已獲得自由的奴隸，或仍是奴隸，棧店的僱員、富商與行會在國外商業事務所的成員等，都是希臘人。希臘人的船隊穿梭往返於整個地中海地區，從敍利亞海岸和亞歷山大港出發，把東方貨物一直運到奧斯蒂亞和羅馬。在這些東方貨物中，首屈一指的就是絲綢，它們來自中國，並在敍利亞重

新進行了加工。

而經絲綢之路運來的絲綢，最終匯集到羅馬地中海沿岸的推羅、西頓、貝魯特、安條克等港口城市，然後運到意大利乃至西歐。這樣離推羅、安條克等地中海港口較近，敍利亞沙漠內部的綠洲城市帕爾米拉，就利用羅馬和帕提亞兩國緩衝區的優勢，在公元1世紀迅速崛起，成為絲綢之路西段貿易的商品集散地。玉石、從印度來的象牙、香料、珍珠項鏈、寶石和貴金屬，都通過帕爾米拉向西運到西亞的推羅、西頓、貝魯特和安條克以及意大利本土。帕爾米拉也對所有經過帕爾米拉境內的商人征稅，作為城市的主要收入。征稅的貨物種類幾乎包含了當時絲綢貿易的全部，除絲綢外，還有奴隸、娼妓、乾貨、香水、橄欖油、鹽，甚至水。帕爾米拉的商人組成商隊橫穿沙漠前往巴比倫，甚至到達波斯灣港口，直接從事包括絲綢在內的奢侈品貿易。許多帕爾米拉人擔任商隊隊長，隨商隊而行，為商隊提供保護、裝備，組織隊伍並擔任向導，由此而得到報酬。就這樣，小小的帕爾米拉在彼此敵視的兩大帝國之間充當貿易中間人的奇特角色竟長達兩個多世紀之久。直到273年，羅馬軍隊滅亡了帕爾米拉。在被洗劫了財富之後，帕爾米拉作為絲綢貿易轉運樞紐的地位也一去不返了。

羅馬的絲綢熱

在絲綢沒有通過貿易傳入羅馬時，羅馬社會流行的是小亞細亞西南海外科斯島所產的，由野蠶絲織成的絲織物。據普林尼在《自然史》中記載：這種蠶被稱為亞述蠶，它是在溫暖的氣候下，柏樹、松樹、楊樹或棟樹的花被雨水沖落後，從樹上生出的。受此影響，公元前 1 世紀，羅馬著名的詩人維吉爾也認為絲綢的絲是由一種樹葉採集而來的，他在《田園詩》中寫道：「叫我怎麼說呢，賽里斯人從他們那裏的樹葉上採集下了精美如羊毛般的東西。」在與其同時代的伊塔利庫斯、斯塔西等學者的著作中，也普遍存在這種認識。雖然他們認為絲產於樹上，但是這種錯誤的認識並沒有妨礙羅馬人對絲綢的織造過程積累一定的了解。據《自然史》記載：「在那裏首先遇到的一族人是賽里斯人，他們以其樹木中出產的羊毛而名聞遐邇。賽里斯人將樹葉上生長出來的白色絨毛用水弄濕，然後加以梳理，於是就為我們的女人們提供了雙重任務：先是將羊毛織成線，然後再將線織成絲匹。它需要付出如此多的辛勞，而取回它則需要從地球的一端翻越到另一端。這就是一位羅馬貴夫人身着透明薄紗展示其魅力時需要人們付出的一切。」

羅馬帝國征服了地中海世界，而中國的絲綢卻征服了羅馬帝國。公元前 1 世紀，中國的絲綢傳入羅馬後，便立刻受到羅馬人的青睞，就連克拉蘇軍團所使用的軍旗都是絲綢織物。凱撒在舉行

凱旋式時，向羅馬人民首次展示了中國絲綢，引發了羅馬的絲綢熱潮，貴族男女爭穿綢衣。

古羅馬人的傳統衣着是比較簡單的。男裝只有一袍一衣，即羅馬袍和短袖內衣。羅馬袍又稱托加長袍，用一大塊半圓形的衣料縫製，圓心開口於肩上，兩邊自然下垂。內衣也是單幅衣料，開一圓領，與今天的 T 恤衫很相似。唯一不同的是，羅馬內衣長可及膝，以腰帶束之。女裝與男裝基本相同，略為不同的是，女裝常在內衣外加一帶有繡花的長袍，有時還配以披肩方巾或披風衫。因為絲綢服裝過於輕薄，穿在身上使身體的曲線顯露無遺，甚至讓皮膚隱約可見。羅馬哲學家塞內加（前 4 年—65 年）在《論善行》中對此曾予以痛斥，他說：「我在那裏見到了絲綢衣服，那種既不遮體也不遮羞的東西居然也叫衣服，女人穿上它實在不能說自己不是裸着身子。這種衣服是通過正常的貿易渠道花巨資從不知名的國度買來的。這是為什麼？為的是讓我們的婦女們在公共場所邊能像在她們的私房裏一樣，裸體接待情人。」

在這種情況下，提比略皇帝曾下令禁止男性臣民穿着絲綢衣服，認為絲綢毀壞了羅馬的名譽，同時對婦女使用絲綢也作了一定的限制。然而，隨着絲綢輸入量的不斷增加，羅馬人對絲綢仍然趨之若鶩。羅馬歷史學家普林尼在他的《自然史》一書中記載，羅馬婦女每年從印度「爆買」的貨物價值達 5500 萬塞斯特提（Sestertius），折合 19 世紀的 1 億多金法郎。購進的貨物雖有印度的棉、麻織品，

但大部分是中國的絲綢。當時在羅馬市場上，絲織品已與黃金等價，每磅值黃金 12 兩，這無疑會使大量的羅馬貴金屬流入東方，造成國庫的虛竭。「奢侈和婦女使我們付出了這樣的代價」，普林尼這樣寫道。錦衣繡服成了服飾的潮流，

綢幕絲簾也被教堂利用，地中海東岸的推羅、西頓等城市的絲織業，都依靠於在絲帛運到後把它拆散，重新織成綾綺，染成華麗的顏色，供羅馬上層貴族享用。正如羅馬史學家馬賽里努斯所說：「過去只有我國貴族才能穿着絲衣，現在各階層人民都普遍通用，連搬運夫和公差都不例外。」到了羅馬後期，為購買中國絲綢，從印度、阿拉伯輸入香料、麻布和珠寶等奢侈品，羅馬付出了大量的金銀，使羅馬對外貿易逆差嚴重，金銀大量外流，財政極度困難，稱雄一時的（西）羅馬帝國，就是在經濟陷於崩潰的狀況下，走向衰落和滅亡的。不過，在 4 世紀的「蠻族大入侵」中倖存下來的東羅馬（拜占庭）帝國仍然延續了羅馬人對絲綢的喜愛。

公元前 2 世紀羅馬征服希臘和東方諸王國後，做工精細的巴比倫長袍受到羅馬人的青睞，逐漸傳入羅馬。就連以節儉著稱的著名監察官加圖的家裏，也珍藏着一件供兩代人使用的巴比倫長袍。在羅馬人所穿的長袍中，以紫色袍最為流行和莊重。得勝的將軍在舉行凱旋式時，一般都穿着綴有金星的紫色寬袍，頭戴黃金寶石的冠冕，以示隆重。在正式場合，樂隊隊員一般都穿長達腳部的紫色長袍，侍從則穿紫色緊身衣。這是因為紫色染料由靛藍和茜草染料混

合調成，還可以從古螺（一種東地中海地區的貝殼）中提取。靠蒐集大量貝殼製成紫色染料的花費是相當昂貴的，所以紫色在古代地中海世界是最知名的顏色，也成為歷史上最持久的高貴階層的標誌。

　　早期羅馬帝國時代的市民仍然可以隨意穿着紫色衣服，從晚期羅馬帝國到早期拜占庭時代，皇帝格雷先（367—383 年在位）和瓦倫提尼安二世（375—392 年在位）開始禁止私人絲織業使用高品質的紫色染料，塞奧多西一世（379—395 年在位）時，只有紫色短斗篷、短外套（古希臘男子所穿）是皇室專用的。隨着絲織業的發展和染料工藝、設計樣式的改變，塞奧多西二世（408—450 年在位）進一步強化了對紫色絲綢及其製品的管制。在拜占庭政府壟斷下，帝國工廠把染成紫色的絲綢織品鑲上金邊，這樣的絲織品更加絢麗奪目，成為皇室的專供產品。塞奧多西二世還頒佈數項敕令，禁止私人絲織業製造帝國官服及類似於官服的服裝，特別是染製成紫色的長袍及任何用其他染料染成的接近紫色的絲織品。這些法令在 4 世紀中期至 5 世紀初開始實行，更為重要的是，從 5 世紀初開始，拜占庭法庭制定一系列有關絲綢的法規，這個法規覆蓋了皇室、貴族階層和教士階層，城市和軍隊的官員，以及在城市有一定社會地位的人及平民。例如，只有皇帝才能穿着紫色短筒靴，違反這個規定的人將以叛國罪被處死。查士丁尼皇帝（527—565 年在位）甚至頒佈了服裝條例，徹底剝奪了富有商人穿着紫色絲綢的權利，紫色絲綢遂成為拜占庭國家中央集權和等級制在經濟和社會生活中的反映。

蠶種的引入

拜占庭帝國仍舊面臨着購買絲綢導致財富外流的問題。在查士丁尼執政年間，商人們在拜占庭和其他城市為絲綢索求高價，其理由是波斯人當時出賣絲綢的價格要比過去高得多，而且帝國要抽什一稅（關稅），征稅機構多如牛毛……專制君主本人對於這種絲綢價格暴漲的局面表示憤慨，頒佈了一項法律，嚴禁每磅絲綢的價格高於 8 個金寶石（每個含黃金 4.13 克）。他提出的懲罰辦法是將違犯者的財產全部沒收充公。這當然是無濟於事的，商人做出的反應是立即停止在公開市場銷售絲綢。因為這個價格意味着拜占庭絲綢成品的價格比波斯商人出售的生絲價格還要低。商人們不願意從事絲綢貿易，私人絲織業者也不願開工，他們冒着一旦被抓就會受到懲罰的危險，在黑市上銷售剩餘的產品。

事實上，拜占庭帝國只有一個解決辦法，即獲取蠶種，自己生產絲綢。據普羅柯比的《戰紀》（完成於 557 年）記載：「大約在同一個時候，幾位來自印度的修士到達這裏，獲悉查士丁尼皇帝內心很渴望使羅馬人此後不再從波斯人手中購買絲綢，便前來拜見皇帝，許諾說他們可設法弄到絲綢，使羅馬人不再受制於波斯人或其他民族，被迫從他們那裏購買絲貨；他們自稱曾長期居住在一個有很多印度人、名叫賽林達（Serinda）的地區。在此期間他們完全弄懂了用何種方法可在羅馬國土上生產出絲綢。查士丁尼皇帝細加追

尋，問他們如何保證辦成此事。修士們告訴皇帝，產絲者是一種蟲子，天性教它們工作，不斷地促使它們產絲。從那個國家（賽林達）將活蟲帶來是不可能的，但可以很容易很迅捷地設法孵化出活蟲，因為一個絲蠶一次可產下無數蠶卵；蠶卵產出後很長時間，以廄糞覆蓋，使之孵化——廄糞產生足夠熱量，促成孵化。修士們做如是解釋後，皇帝向他們承諾，如果他們以行動證明其言不妄，必將酬以重賞。於是，修士們返回印度，將蠶卵帶回了拜占庭。他們以上述方法培殖蠶卵，成功地孵化出蠶蟲，並以桑葉加以飼養。從此以後，養蠶製絲業在羅馬領土上建立起來。」

中國對絲綢製造工藝的壟斷從這時候起就結束了。但中國絲綢在市場上仍然具有強大的生命力。拜占庭帝國在養蠶抽絲技術上有兩個方面還存在着嚴重的不足：一是不懂得在化蛾前將蠶籽殺死，因此抽出的生絲在長度和亮澤度上均無法與中國的生絲相比；二是不懂得怎樣製造優質絲綢所必需的花絲。此外，雖然地中海沿岸的氣候適宜於養桑，桑種在那裏正常而茁壯地生長，但中國的桑樹種植在平地和梯田上，拜占庭帝國的桑樹種植地主要位於敘利亞和小亞細亞的台地和丘陵地帶，按照桑樹的生長規律，樹種在春季播種後，經 1 年時間長成幼苗，需要 15 年時間才能長成桑樹。因此拜占庭的生絲產量遠遠不能滿足絲織業對生絲原料的龐大需求，生絲供應仍需要從波斯進口。

政府創辦的絲織工場裏的工匠將生絲製成衣服或其他織品，主

要用於王室貴冑消費，同時也作為禮物賞賜給外國使節。由於生絲不足，帝國政府制定嚴格的法律來限制私營工場的發展，以保證官辦工場的正常生產及對王室的優先供應，例如塞奧多西二世就頒佈數項敕令，「禁止私營工場生產象徵統治階級尊貴的紫色絲綢或其他官服，王室成員所需衣物須由官辦工場提供」。

公元 8 世紀，隨着阿拉伯人向歐洲的擴張，絲綢技術傳入西班牙。在西歐的教堂和修道院，絲織品被用來覆蓋案台陳設和聖物器具，高級教職人員也會身着這些精美的絲綢。

在 9 世紀留存下來的用於覆蓋教堂聖物箱的一塊綢緞上，竟然裝飾着獅子追逐獵物的圖案，或者教皇的坐墊上，竟然繪有駿馬飛奔的圖案。到了 13 世紀，意大利各城邦也開始有了絲綢生產。如威尼斯、熱那亞之類的意大利商業城市是當時整個歐洲的絲織生產中心。在意大利絲織業崛起的過程中，除了銀行的資金融通作用，絲織企業本身的技術革新和管理方式的轉變也功不可沒。盧卡（意大利中部城市）的繚絲機（Torcitoio）是其中最重要的技術發明之一。它外部有一個固定的圓柱形支架，內部也有一個支架，兩個支架共同圍繞一個垂直的軸運轉，這有助於在同一時間內完成兩次繚絲，因此大大提高了生產的效率，一台繚絲機一天的繚絲量相當於 10～20 個工人一天的工作量。盧卡和博洛尼亞精明的商人利用這項技術建立了新的生產中心，隨後威尼斯和佛羅倫薩也競相效仿。到了 15 世紀，這種晝夜不停運轉的繚絲機已經被帶到阿爾卑斯山以北

的地區。意大利絲織品的風格此時已經融合中國、波斯、近東和北非的絲織風格，逐漸形成一種新的式樣。例如在 15 世紀意大利絲織品中最為流行的一種花樣，其實是吸收了中國蓮花圖案和波斯棕櫚葉圖案中的元素搭配而成。當然，與早期的拜占庭人一樣，儘管意大利人早已開始了養蠶，但是僅憑國內的生絲原料，遠遠滿足不了生產的需求，仍然需要從東方和西地中海盆地進口原料。

歐洲絲綢的「中國風」

16 世紀後，法國後來居上，取代意大利成為歐洲絲綢生產的中心，其中又以里昂最為發達。法國蠶桑業是在軍事報復和關稅保護的情況下導入的，這是世界各地發展蠶桑業的普遍原因。法國政府從 14 世紀起就注意到了購買奢侈品絲綢使國內黃金大量外流的事實，意大利人在法國，尤其是在里昂和香巴尼城的大型市場裏銷售絲綢。但到了 1466 年，法國國王路易十一再也不想眼巴巴地瞅着意大利商人在羅納河畔一晝夜間暴富，搖身變成富翁大亨。「為了阻止每年進口外國製造的絲綢而使四五千萬埃居（當時的法國貨幣單位）的財富流向國外，路易十一詔令在里昂建立生產絲綢的工廠」，為了促進法國的工業發展，法國當局乾脆於 1517 年詔令禁止進口金銀絲織物。

但是，歐洲對絲綢的需求是本土生產無法滿足的，即使到了

十八世紀三四十年代，歐洲每年的絲綢進口量仍然多達 75000 餘匹。這時的中國絲綢進入西歐國家後，特別受到法國人的喜愛。貴婦們不僅用中國絲綢製作服裝，鞋面也用絲綢，並飾以中國刺繡圖案。宮殿的床罩、帷幔、窗簾以及家具罩布都採用絲綢和刺繡織物。「中國風」法語稱為「Chinoi-serie」，作為一種裝飾藝術風格，它首先出現於 17 世紀，但在 18 世紀，尤其在法國路易十五宮廷的提倡下迅速傳播和流行。

　　路易十五的情婦蓬巴杜夫人就有一條用中國絲綢做的綴滿了花鳥的裙子。17 世紀的法國資料這樣記載：「來自南京（實際是當時隸屬南直隸的松江府）的絲綢是最精緻最華麗的。雖然這些絲綢與我們自己的產品類似，但其織造技術總有些地方超過我們，如絲絨、天鵝絨、金絲薄紗、緞子、塔夫綢、綢和其他產品等。」歐洲的工匠們甚至開始仿造中國絲綢，大量採用中國圖案，比如龍、鳳、花、鳥等，而且要特別註明「中國製造」以保證銷路。為了更好地進行仿造，歐洲各國絲織廠的絲綢畫師手裏都有一本《中國圖譜》。

　　歐洲絲綢的「中國風」主要體現在 18 世紀的法國，里昂、都爾等城市是這類絲綢織物的生產重鎮。當時裝飾藝術中洛可可樣式興起，設計師們將洛可可藝術的纖柔華麗與歐洲人想象中的中國風情相結合，於是身穿長袍的中國人物、雕梁畫棟的亭台樓閣、山清水秀的田園風光、春夏秋冬的風花雪月等中國題材，便大量出現在法國的絲綢製品上。18 世紀初，法國絲綢織物上曾出現過所謂的「奇

想紋樣」，這是一種將東方題材與古典「茛苕葉」紋樣相結合而形成的怪異圖案；1740 年左右，又出現了一批「中國風」絲綢織物，是法國路易十五時期此類織物的典型。由於在 17—18 世紀，法國宮廷是歐洲各地時尚的發源地，法國絲綢的「中國風」圖案也因此在歐洲各地流行。德國柏林等地的絲綢工場也生產不少「中國風」的絲綢織物。

18 世紀後期，隨着路易十五的去世和洛可可裝飾藝術的退潮，歐洲的「中國熱」開始降溫，中國風格也在歐洲的絲綢織物上消失。雖然絲綢工業從歐洲的技術革命中大大受益，但是在進入工業革命之後很長一段時間內，歐洲的本土絲綢仍舊無法取代從中國進口的絲綢。1605 年大型紡織機出現，它既可以使生產加快，又可以使製造豪華織物的人力和工時大大減少，還可以織出大幅圖案來。1801 年發明的提花織機可以使織布的工人減少一半。1860 年，品紅染料的出現徹底改變了印染藝術。紡線以下的各道工序都在逐年改進質量和降低成本，可是，在歐洲的養蠶活動中，從採摘桑葉到用開水燙蠶繭，卻一直停留在手工操作的水平，甚至還局限在家庭生產的範疇內。這些工作主要是在農場裏進行的，為了在孵化時保溫，勤勞的女工們把蠶卵暖在她們的緊身衣中，許多蠶蟲在作繭之前就死亡了。直到 19 世紀初，西方人不得不承認「漢人在養蠶具體實踐方面，比任何民族都要高明……也是他們所取得的驚人成績的見證……漢人的養蠶法毫無疑義地要比歐洲人高超……他們的蠶蟲損

失率只有 1%，而在我們這裏，死亡率卻大大地超過了 50%」。歐洲的絲線中有許多下腳廢料和浪費掉的原料，所以無論如何，這樣生產的生絲質量都無法滿足紡織工業生產的需要。

由於歐洲在飼養桑蠶方面無法同中國競爭，所以 1850—1900 年間，歐洲每年所需要之半數生絲仍然要從中國進口。西方顧客更為喜歡中國的蠶絲而不是絲織品，嚴格地説，他們尤為酷愛未染色的生絲。1900 年左右，中國出口的粗絲總量多達近 4800 噸，其中最大的買主似乎是法國。上海（中國當時最大的出口港）所出口的半數以上的生絲，即每年出口的 71000 包生絲中的 37000 包以上都運往了里昂。生絲的第二大買主是英國，它同中國的貿易總額最大，每年要從中國購買 1300 萬金法郎的茶葉和絲綢，同時每年向中國出口 1 億 5000 萬金法郎的加工成品，尤其是廉價的棉紡品。這些棉紡品是在曼徹斯特用印度的棉花紡織而成的。當英國出售給中國的物資大大超過其進口時，法國的處境卻正好相反。1897 年，法國進口了 1 億 2400 萬金法郎的絲綢，而只能勉勉強強地湊合着賣給中國 400 萬金法郎的雜貨。從這個角度而言，可以説，古老的絲綢之路一直延續到了 20 世紀。

千年繪就的莫高窟

莫高窟的開鑿

敦煌地處中國甘肅省河西走廊西端，迄今已有 2000 多年的歷史。它是古代絲綢之路的重鎮，中西交通線上的「咽喉之地」。敦煌重要的地理位置，使它在古代歐亞文明互動、中原與西域文化交融的歷史進程中佔有重要的地位。石窟正是多種文明在此匯流的結晶。在今天的敦煌，沿着平坦的柏油路東南行 25 公里，就到了俗稱「千佛洞」的莫高窟。莫高窟開鑿在鳴沙山東麓的斷崖上，坐西朝東，東對三危山，前臨宕泉河。洞窟如蜂窩，大小不一，上下錯落。河水在窟前如長蛇蜿蜒而來，狹長小綠洲中的綠樹在窟前成排

成行，蒼翠蔥蘢，裝點着靜謐的勝境。這處沙漠中的小綠洲儼然一處佛國仙境。

關於莫高窟的開鑿時間，有一說法是公元 353 年，農曆癸丑年，即東晉永和九年。這一年，中國南方的大貴族王羲之在風景宜人的蘭亭寫下了不朽的《蘭亭序》。另有說法是 366 年，即前秦建元二年，中國北方的沙門樂尊在景色瑰麗的鳴沙山開出了藝術史上永綻奇光的第一個洞窟。傳說，當他到達鳴沙山東麓斷崖邊時，只見朝東的懸崖陡峻綿延，崖下一股清泉流淌，岸邊綠樹成蔭，一派生機勃勃的景象。此時，已經非常疲憊的樂尊在崖下的大泉河邊洗了洗臉，捧起河水喝了幾口，精神立即大振。這時正是夕陽西下，晚霞照耀在對面（東面）嶙峋的三危山上，他抬頭望去，只見金光萬道，氣象非凡；起伏綿延的三危群山，有如千千萬萬尊佛像，山谷中顯得金碧輝煌，瑞祥無邊。樂尊不由得連聲高呼：「我見到佛祖的靈光了，這裏應是西方極樂世界啊！」樂尊立即大徹大悟，決心在這佛光照耀的三危勝境修行。他一邊在斷崖前修行，一邊在峭壁上開鑿石窟。經過幾年的努力，終於鑿成了第一個石窟，還在石窟內塑造了佛像，繪製了壁畫，供人禮拜。

從此開始，自十六國、北魏、西魏、北周、隋、唐、五代、宋、西夏、元、明到清朝的 1500 年間，1.5 公里長的鳴沙山壁上，層層疊疊地建造了 480 多個洞窟，佈滿了彩塑佛像和壁畫，面積達 4.5 萬多平方米。至於莫高窟之名，最早出現於隋代。其含義大抵有

三。一為沙漠高處的佛窟，這是字面解釋。古人常將「莫」與「漠」通用，而莫高窟的地勢比敦煌綠洲高出 150 多米。二是少數民族（突厥、回鶻）語的譯音，意為「聖窟」。三是指至高無上的佛教活動場所。這是從佛教概念上的理解，佛教史籍中常用「莫高」二字來形容佛教事業及高僧大德。唐代取用「莫高」二字為所在鄉里之名，唐宋敦煌縣有莫高鄉、莫高里，都在臨近莫高窟的地方。

莫高窟壁畫的技巧之高超、數量之驚人、內容之豐富，是當今世界上任何宗教寺院或宮殿都不能媲美的。若是將其一方方連接起來，可排成近 30 公里長的畫廊，堪稱世界上最長、規模最大、內容最豐富的畫廊。壁畫的內容主要有七類。一、尊像畫，包括釋迦牟尼佛、彌勒佛、阿彌陀佛、藥師佛、觀音菩薩、文殊菩薩、普賢菩薩、弟子、天王、羅漢等等。二、佛教故事畫，包括表現釋迦牟尼生平的「佛傳」故事畫；講述釋迦牟尼佛前世為菩薩時，為教化眾生而忍辱、施捨、犧牲的「本生」故事；講述釋迦牟尼成佛後說法、教化的「因緣故事」。三、佛教史跡故事，描繪佛教發展歷史上的一些歷史或傳說故事。四、傳統神怪畫，主要描繪中國古代傳說中的神怪形象，如東王公、西王母、伏羲、女媧、風神、雷神、電神、雨神等。五、經變畫，表現一部佛經的主題思想及其主要內容的大幅繪畫。六、供養人畫像，是為洞窟內繪畫出資、建窟造像的供養者形象。七、裝飾圖案畫，用於裝飾洞窟建築、佛龕、彩塑，以及分隔不同壁畫的圖案。千年連續不斷繪就的、數量巨大的莫高窟佛

教壁畫，是一部反映佛教及佛教思想和信仰演變之發展歷程的形象的佛教史。

本土化的佛像

佛教在約公元前 6 世紀產生於古代印度，佛教藝術則晚於佛教在 6 世紀左右產生。佛教與佛教藝術約在西漢末東漢初沿着絲綢之路傳播至中國。敦煌莫高窟位於絲綢之路通向中原地區的必經之處，它既是西域文化與中原文化交匯之地，又是佛教僧侶進入內地的中轉站。因此，莫高窟所處的特殊的地理位置，使其具有融匯多民族文化的藝術特點。在佛教藝術處理上，一方面引入印度和西域的佛教藝術，另一方面融合了漢晉傳統文化影響下的中原藝術。莫高窟約 4.5 萬多平方米的壁畫，承載着歷史上不同時期西域、中原等地的民族文化藝術傳統，最終形成了富有本土特色的佛教壁畫藝術。

從十六國到隋朝之前，作為北方黃河流域地區的少數民族政權，十六國的文化藝術體現出以承接漢文化為主，同時兼收外族文化的特點。在莫高窟早期壁畫中，這一時期的菩薩形象多受印度和西域佛教藝術的影響，身軀多呈現為「三道彎」式。如北涼第 272 窟「說法圖」中的脅侍菩薩、北魏第 263 窟「說法圖」中的菩薩，身材頎長，披覆的衣帶隨風飄蕩，他們都有高而尖的鼻子，面部造型也都帶有中亞民族的特色。

莫高窟壁畫經北朝和隋朝的發展，到唐代時已有很大的提高，從內容到形式都有新的面貌出現。隋唐以後，菩薩像逐漸轉化為女像，如第 172 窟北壁《觀無量壽經變》中的菩薩，繪製得生動豐富、神態各異，或神情專注，或彼此竊竊私語，或手舞足蹈作歡喜狀。第 159 窟的菩薩像宛如一個嫵媚少女。初唐石窟較突出的第 96 窟位於莫高窟中段南側，窟內是高達 35 米的彌勒大佛。這尊大佛是武則天登基的證聖元年（695 年）建造的。洞窟外面當時建造了三層窟簷，後幾經改造，現存的窟簷有九層，是民國時期建成的，經修復，當地人稱之為九層樓。九層樓高大雄偉，是莫高窟最高的建築，成為莫高窟的標誌。唐代前期壁畫人物造型方正圓潤，肩部豐潤微削，腰部微扭，風姿挺然，莊嚴的形象中已經出現了輕微的動態。如敦煌壁畫中最富特色的「飛天」，生動靈活，纏繞手臂的飄帶流暢輕盈，人物造型的比例也較之前協調，姿態更為生動，並且改變了以往建築物像舞台道具那樣草率的佈置和畫法。

　　到了唐代中期之後，莫高窟開窟 50 多個，規模沒有唐代前期大，但壁畫的內容增加了許多，一個石窟之內，經變少則五六種，多則十幾種。佈局方面也有創新，上部分繪兩三幅經變畫，下部分以屏風畫的形式畫出經變各品的內容，結構更為嚴密緊湊。經變的內容除沿用初唐、盛唐流行的以外，還增加了不少新的內容，如《金剛經變》《報恩經變》《華嚴經變》《勞度叉鬥聖變》《天請問經變》《楞伽經變》《金光明經變》等，反映了當時佛教不拘泥於一宗一派、兼

容並蓄的特點；同時也出現了宣揚儒家思想和密宗佛教的壁畫。在這一時期，印度佛教和佛教藝術開始走向衰落，玄奘的《大唐西域記》中對印度佛教衰落狀況多有記載：弗栗恃國民眾「多敬外道，少信佛法」，伽藍「僧徒寡少，學業清高」，王舍城「外郭已壞，無復遺堵，內城雖毀，基址猶峻」……與之恰恰相反，以敦煌莫高窟為代表的中國佛教藝術在接受外來佛教藝術之後，用中國傳統思想和藝術手法對其加以改造和創新，使其發展到了頂峰，中國佛教藝術因此成為亞洲佛教藝術的中心，並從中國向周邊傳播，影響到朝鮮半島和日本等地。譬如日本 6—8 世紀的佛教建築、雕塑、壁畫藝術，可以從敦煌藝術中找到相似的例證，表明其源流關係。

至於唐代之後，五代時期的莫高窟壁畫繼承了晚唐的遺韻，而宋代則又沿襲了五代的畫風。西夏時期亦基本上沒有超越前代，但在五代、兩宋、西夏期間，也曾出現一些佳作。譬如莫高窟第 61 窟的地圖《五台山圖》是莫高窟最大的壁畫，高 5 米，長 13.5 米，繪出了山西五台山周邊的山川形勝、城池寺院、亭台樓閣等，恢宏壯觀。但總體而言，這一時期的作品無法和北朝，更無法和隋唐時期的相提並論。值得一提的是，由於元代朝廷崇尚佛教尤其是藏傳佛教，因此密宗盛行一時。元代莫高窟出現不少宣揚密宗的作品，期間有一部分壁畫表現出時代特色，有新的風格，有些還可以說是精彩之作。總體上看，元代壁畫呈現出構圖新穎別致及刻畫物像精細等藝術特點，這種風格大概是受到藏傳佛教壁畫的影響。在元明鼎

革後，中亞以及天山地域又陷入混亂，海上絲綢之路興起，陸上絲綢之路衰落。從此，作為陸上絲綢之路明珠的莫高窟自然也就失去了昔日的輝煌。就這樣，在元末之後，一直到清末，鳴沙山麓的藝術寶藏逐漸沉寂了下來。

舍身飼虎與九色鹿

莫高窟壁畫在表現佛教內容的同時，還表現了 4 世紀到 14 世紀的中國古代社會無限豐富的社會生活、經濟生活、精神生活，包括農業（如耕種、收穫等）、手工業（如釀酒、打鐵、製陶等）、商業（如商旅來往、商店買賣等）、軍事（如戰爭、演兵、軍事裝備等）、藝術（如音樂、舞蹈、建築、雕塑、繪畫、教育、寺廟、百戲等）、體育（如雜技、游泳、相撲、射箭、賽馬等）、衣冠服飾、民俗風情、婚喪嫁娶等。壁畫中所繪的大量的亭台、樓閣、寺塔、宮殿、城池、橋樑，以及現存的五座唐宋木結構簷，是研究我國古代建築形象圖樣的寶貴資料。故而西方學者將敦煌莫高窟壁畫稱作是「牆壁上的圖書館」。

在莫高窟眾多壁畫中，北魏第 254 窟壁畫畫着這樣一個故事。寶典國國王大車的三個王子一日入山狩獵，看見一隻母虎帶着幾隻幼虎飢餓難忍，母虎慾食其子。三王子心生悲憫，想用自己的身體拯救餓虎。他行至山間，臥於虎前，但餓虎已無力啖食他。三王子

又爬上山岡，高舉左臂，用利木刺身出血，接着跳下懸崖。餓虎先舔了他的血，接着啖食其肉。他的兩個兄弟因好長時間不見他，便沿路尋找，終於找到了三王子的屍體，他們驚慌無比，回宮稟告父王。國王和王后匆匆趕至山林，抱屍痛哭，隨後收拾遺骨，起塔供養。這幅壁畫的細節表現和人物內在感情的刻畫細膩生動，堪稱敦煌壁畫中偉大的傑作。

更為著名的則是北魏時期開鑿的 257 窟西壁的九色鹿寓言故事畫——《鹿王本生》。這是莫高窟最完美的連環畫式故事畫。畫面從兩頭開始，中間結束。線索清晰，中心突出，層次分明，構圖嚴謹。在畫中，美麗的九色鹿路過恆河邊，忽然聽到了溺水人的呼救聲，毫不猶豫地跳下波濤洶湧的恆河，救起了溺水人。溺水人跪在地上，感謝九色鹿的救命之恩，並發誓永不泄露九色鹿的行蹤。就在這時候，貪婪的王后在皇宮中夢見一隻美麗的九色鹿，第二天早上，王后要求國王儘快捕捉九色鹿，以便用它的皮毛做衣服。國王立即佈告重金懸賞，捕捉九色鹿。溺水人見利忘義，到宮廷告密，並帶領國王和士兵前往捕捉九色鹿。此時，九色鹿正高臥山中，毫無所知。鹿的好友烏鴉叫醒了九色鹿，但已無路可逃。九色鹿毫無懼色，理直氣壯地為自己辯護，向國王控訴溺水人忘恩負義的劣跡。國王聽後深受感動，放鹿歸山，還下令全國禁止捕獵九色鹿。最終，溺水人滿身生出惡瘡；而王后沒有得到九色鹿的皮毛，又羞又恨，活活氣死了。這幅紅色的橫幅連環畫以正義戰勝邪惡的主題

永遠感動着往來瞻覽之人。

此外，敦煌莫高窟唐代壁畫的青綠山水畫，為我們了解李思訓一派山水畫的原貌提供了真實的依據。盛唐以後的莫高窟壁畫中，還可以看到周昉一派的仕女畫風。總之，敦煌壁畫展現了 4 世紀至14 世紀中國美術史的重要一面。六朝到唐代佛教盛行，佛教寺院成為上至達官貴人、下至庶民百姓接觸文化藝術的主要場所，中國畫家們最重要的作品都在寺院壁畫中。在長安、洛陽等地的隋唐寺院湮沒不再的今天，敦煌莫高窟的隋唐壁畫就成了我們認識那個時代繪畫的珍貴資料。

莫高窟的再度發現

莫高窟在元代以後已很少為人所知，在長達幾百年的時間裏基本保持了原貌。19 世紀末，道士王圓籙來到敦煌。

此時莫高窟十分荒涼，崖間上的通道多數已經毀於戰火，一些洞口已經坍塌，底層的洞窟也被黃沙掩埋，只有一些粗通漢語的藏傳佛教寧瑪派喇嘛居住在這裏。這位王道士在莫高窟定居後，香火漸盛，他把信徒們施捨的錢財節省下來，開始按照自己對道教的理解重修和改造莫高窟。他所做的第一步工作就是清除底層洞窟中的積沙。1900 年 6 月 22 日，王圓籙在清理積沙時，無意中在莫高窟第 16 窟北側發現了複壁中的藏經洞（第 17 窟），洞中有 5 萬多件古

代文書和藝術品，這些文物涉及 4 世紀到 11 世紀初的宗教、歷史、地理、經濟、文學、語言文字、民族、民俗、科技等領域。藏經洞文物的出土震驚了世界，引起世界對莫高窟的廣泛關注。以藏經洞出土文物和敦煌石窟藝術為研究對象的「敦煌學」在全世界興起，在 20 世紀的國際人文科學領域大放異彩。

藏經洞被發現後，旋即吸引來許多西方的考古學家和探險者。第一個來到莫高窟的外國人是斯坦因。斯坦因是英籍匈牙利人，他在進行第二次亞洲內陸考察時，於 1907 年 3 月 11 日到達敦煌。他和他的師爺（祕書）蔣孝琬到莫高窟後，只用了 200 兩白銀，便換取了藏經洞裏的 24 箱寫本和 5 箱其他藝術品。這些藏品大都被捐贈給了大英博物館和印度的一些博物館。1908 年，精通漢語、漢學的法國考古學家伯希和在得知莫高窟內發現古代寫本後，立即從新疆趕到敦煌。他在洞中揀選了三個星期，以每天看 1000 卷的速度，將尚存洞中的全部文書翻檢一遍，最終以 600 兩白銀為代價，獲取了 1 萬多件堪稱精華的敦煌文書，這些文書後來大都入藏法國國立圖書館。隨後，俄國、英國、法國、日本等國探險隊蜂擁而至，將藏經洞中的大部分文物盜運到國外，而在中國，僅僅剩下 1 萬件左右。與之形成鮮明對照的是，大英博物館現擁有與敦煌相關的藏品 1 萬餘件，是世界上收藏敦煌文物最多的地方。

除了藏經洞文物遭到瓜分，莫高窟壁畫也蒙受了巨大的損失，幾乎所有唐宋時期的壁畫均已不在敦煌。伯希和與 1923 年到來的蘭

登・華爾納先後利用膠布粘取了大批有價值的壁畫，有時甚至只揭取壁畫中的一小塊圖像，嚴重損害了壁畫的完整性。在剝取壁畫的過程中，蘭登・華爾納還用鋼片鏟刀破壞了好幾幅壁畫，造成了無法彌補的損失。因而當他於 1925 年再次來敦煌，想大規模剝取壁畫時，立即遭到了中國學者和當地人民的強烈譴責，終究沒有得逞。另外，王圓籙為打通部分洞窟也毀壞了不少壁畫。1940 年至 1942 年，國畫家張大千兩次赴莫高窟臨摹壁畫，在那裏逗留的時間加起來有一年多。張大千在此描摹壁畫時，發現部分壁畫有內外兩層，便揭去外層以觀賞內層，被其剝損的壁畫總共有 30 餘處。這種做法後來引發了巨大爭議，直到現在依然爭論不休。莫高窟第 130 窟是敦煌最具代表性的石窟之一，窟內 26 米高的佛像是敦煌第二大佛。張大千剝損的壁畫位於進門甬道處。據介紹，他首先剝去第一層的西夏壁畫，然後又剝去第二層的晚唐壁畫，如今人們只能看到最下面的盛唐壁畫，而盛唐壁畫因前人覆蓋時為了增加泥土的黏合力，已被劃得面目全非。

甬道的牆上，清晰地留下了他層層剝畫的斷面。據記載，這座石窟歷時 29 年才築成，平均一年掘進一米，而張大千在短時間內就使它面目全非。如此典型的被他剝損壁畫的石窟還有第 108 窟、第 454 窟等。

在張大千停留莫高窟期間，國民黨元老、著名學者于右任曾到過敦煌。此行使于右任對敦煌藝術的價值和面臨的危機有了深刻認

識，返回重慶後，他立即在政界、學術界奔走呼籲，希望當局重視與保護敦煌藝術寶藏。他撰寫的《建議設立敦煌藝術學院》一文送交國民黨政府並公開發表後，在全國產生了很大影響。1943年，國民政府下令將莫高窟收歸國有，設立敦煌藝術研究所。這是世界上第一個專門研究敦煌的學術機構，所址就設在莫高窟的中寺——皇慶寺。研究所由常書鴻任所長，開始對敦煌諸石窟進行系統性的保護、修復和研究工作。1950年，研究所改名為敦煌文物研究所，依然由常書鴻主持。到1966年，研究所已加固了約400個洞窟，搶修了5座唐宋木構窟簷，莫高窟周邊10多平方公里被劃定為保護範圍，歷經滄桑的莫高窟從此獲得了新生。

佛陀東來
雲岡與龍門石窟

佛教東來

　　作為當今主要宗教之一的佛教，於公元前 6 世紀至前 5 世紀時興起於印度北部，並在公元前 3 世紀孔雀王朝阿育王時期逐漸發展成為世界性的宗教。到了公元前 1 世紀中葉，隨着中亞新興的貴霜王朝勢力範圍的擴張，佛教又經歷了一次大傳播。當時古代佛教在蔥嶺以西廣大地區的盛行，為佛教向蔥嶺以東，我國西域廣大地區的傳入奠定了必要的條件。

　　從河西走廊經伊犁河遷徙到蔥嶺以西的大月氏，逐漸崇奉佛教。公元前 138 年，張騫出使大月氏，正式開通了中西交往的通

道。蔥嶺以東是西域的塔里木盆地，該盆地南北側有一系列由絲綢之路上的沙漠綠洲連接起來的通道，南道以于闐為中心，北道以龜茲為中心。從塔里木盆地南緣經于闐到莎車，由莎車翻越蔥嶺，向南即到達佛教流行區域。于闐通過這條東西交通要道與中亞地區保持着經常性的往來。隨着中西文化的交往，佛教越過蔥嶺逐漸步入西域。

到了公元 2 世紀時，塔克拉瑪干沙漠周邊綠洲城邦的佛教已相當繁榮，取得了與在中亞地區同等的地位，並出現了一些重要的佛教中心：絲路南道有于闐、鄯善，絲路北道則有龜茲、焉耆、高昌等。隨着佛教的傳播和興盛，絲綢之路沿線西域諸國的佛寺建築、造像藝術和裝飾繪畫也大為發展。現今塔里木盆地周圍的文化遺址，大都同佛教有着密切聯繫，從佛寺建築廢墟中發現的精美遺存以及石窟寺群中的大量泥塑、雕刻和壁畫，生動地展示了它們昔日的燦爛情形。當時的龜茲人口繁盛，在西域首屈一指，是西域重要的大國，由於全國信奉佛法，成千上萬優秀的年輕人剃髮修行，成為僧侶。據《晉書》記載：「其城三重，中有佛塔廟千所。」大量的寺院和石窟被修建起來，而無數的金銀財寶也流進了寺廟石窟。這些錢財有來自國王和貴族、官員的捐贈，也有來自商人的施捨，當然還有普通民眾的虔誠貢獻。修建佛寺、石窟要花費大量錢財，而西域佛寺石窟最多的國家也非龜茲莫屬。龜茲石窟中的壁畫甚至用黃金裝飾，有的染料（如青金石）價格昂貴，勝過黃金幾倍，龜茲

之富裕，可見一斑。

此類西域佛教中心不僅有大量的寺院，還湧現了鳩摩羅什、惠琳等一批高僧，在譯經、弘法，促進文化交流方面做出了巨大的貢獻。大約在 1 世紀中葉，佛教已沿絲路東傳進入中原地區，並在後來幾個世紀裏廣為傳播。《牟子理惑論》等書就記述了漢明帝「永平求法」並在洛陽城西修建佛寺之事。顯然，絲路沿線綠洲城邦之國的佛教中心，在佛教東傳中原的過程中起到了重要的媒介作用。譬如龜茲人鳩摩羅什就堪稱中國最早的高僧、翻譯家，是中國佛教文化的奠基人，中國佛教史上里程碑式的人物。

鳩摩羅什 7 歲時就跟着母親出家修行。他學習非常刻苦，史籍記載他「日誦千偈」。偈，是佛經中的唱詞，八字一句，四句一偈，共三十二字。小鳩摩羅什日誦千偈，説明他受到了嚴格的佛教基本功訓練。在他 12 歲時，疏勒國國王請他升壇講座，他滔滔不絕，語驚四座，獲得巨大成功，名震西域。他以驚人的勤奮和過人的天賦，終於成長為一位博通佛典、睿智無雙、能言善辯的佛學大師。一時之間，西域佛教界無能出其右者，他更是被龜茲僧俗兩界「疑非凡夫」。

鳩摩羅什在西域巨大的名聲甚至越過漫漫黃沙傳到正處於東晉十六國時期的中原。前秦國主苻堅對鳩摩羅什傾慕不已。382 年，苻堅的部將呂光將鳩摩羅什帶至涼州。後前秦被滅，鳩摩羅什隨呂光滯留此地長達 17 年。401 年，後秦皇帝姚興派兵攻入涼州，鳩摩

羅什自此離開涼州，來到長安。在長安，鳩摩羅什得到了姚興的極大尊崇，被封為國師。後秦社會佛教氣氛很濃，上至達官顯貴，下至平民百姓，無不信佛、敬佛。少數民族統治者認為佛教對於他們的統治有利，所以大加提倡。這樣的環境非常有利於鳩摩羅什的事業，他終於可以施展自己的抱負。他不斷地開壇講課，廣收門徒。402 年，鳩摩羅什率領弟子八百、僧徒三千，開始大規模地翻譯佛經。歷經十餘年，他先後主持翻譯了《阿彌陀經》《金剛經》《法華經》《般若經》《維摩詰經》《中論》《百論》《十二門論》等共 70 餘部近400 卷佛教經典。正是像鳩摩羅什這樣的西域高僧前後相繼，不絕於途，勤奮刻苦、不遺餘力地弘揚佛法，將佛教文化帶到東方，將異域文字譯成漢文，佛教才終於沿着絲綢之路來到中國，並在這裏紮根，成為中國古代文化的重要組成部分。

石窟的濫觴

隨着佛法東傳的還有佛教建築。佛教教義講究坐禪與觀象，尤其是傳入中原的大乘佛教。佛家坐禪一般選擇比較僻靜的地方，比如山林間。佛教興盛早期，印度佛教僧人選擇自然洞窟作坐禪、修持、集會及生活之用，開鑿石窟、離世修行也成為佛教徒的終生事業之一。

石窟是佛教建築的一種，佛教石窟又分為兩類。其一稱毗訶

羅，系梵文「Vihara」的音譯，意為住處，因此意譯為僧房，系教徒禮拜、集會、修行之所。其建築型制平面為矩形，中央為大廳，四周列小室，供修行用，二者之間有列柱，毗訶羅門面為柱廊。其二稱支提，系梵文「Chaitya」音譯，意為塔廟，純為巡禮膜拜之所，不住人。

平面呈馬蹄形，深入後方半圓，起塔柱，沿壁作列柱。支提門面有拱形窗，常施富麗錐鑿。這兩類石窟都依山傍崖，憑手工斧斤，一寸一尺，鍥而不捨，從中洞穿整座山巖，歷經數世紀的努力，終成巨大殿堂。

在印度早期的石窟裏，通常只放置一個覆缽形的佛塔，佛塔用石頭雕成，裏面沒有舍利，也不供奉佛像。弟子們每天繞行佛塔作右旋禮拜以表示對佛祖的虔誠。這是因為原始佛教認為佛祖業已涅槃，徹底解脫了輪迴，不應再具體表現其相貌。如果需要佛的形象，則用象徵的手法，如以「象」表示降生，「馬」表示出家，「菩提」表示悟道，「法輪」表示說法，「佛塔」表示涅槃。直到1世紀大乘佛教在印度興起以後，佛在人們心目中才不那麼神祕而不可接近了。於是，用象徵手法表示佛陀的慣例被打破，最初的佛陀形象被創造出來。

印度次大陸現存最早的佛像是1世紀在西北部的犍陀羅地區（今巴基斯坦的白沙瓦一帶）雕造的。這一地區相傳是古印度王國之一，在亞歷山大大帝東征後被希臘人控制，受希臘文化藝術的影響

很深，當地的人擅長製作各種神像。受源於希臘傳統的神像雕塑文化的影響，佛像雕刻也就成為犍陀羅藝術的主要表現形式。犍陀羅藝術家們接受了希臘、羅馬的雕刻風格，打破了印度早期佛教藝術的禁忌，在佛像起源上起到了至關重要的作用。

從造型上看，犍陀羅佛像通常着通肩式僧衣，類似羅馬長袍，頭部一般呈阿波羅式的希臘美男子面容，深目高鼻，薄脣長耳，肉髻則為希臘雕塑常見的波浪式卷髮，此外還有樸素的背光。佛像的手勢和坐姿則遵循印度的傳統程式，立像手勢多作施無畏印，坐像手勢多作禪定印或轉法輪印，坐姿多為蓮花座。犍陀羅藝術從表現佛傳故事的浮雕開始，逐漸向單獨設龕供奉禮拜的佛像發展。到 2 世紀初，獨立圓雕佛像的製作已達成熟，成為獨具一格的犍陀羅風格。犍陀羅風格的單獨佛像，一般分立像和坐像兩大類，其手勢和坐姿有固定的程式。流行的台座作方形，有獅子座和蓮花座。犍陀羅藝術的影響極其深廣，在東北方向沿絲綢之路傳入中國，為東方佛教造型藝術提供了最初的模式。

在古代龜茲，最大的石窟寺是拜城的克孜爾千佛洞，它有 200 多個洞窟，具有各種不同的形式和功能，其核心部分是中心塔柱窟，供僧侶們環繞禮拜，只是不設佛塔，而設佛龕。佛龕供奉釋迦牟尼和菩薩的單獨形象，窟頂和兩側是表現佛祖本生、本行故事的壁畫，帶有鮮明的犍陀羅風格。

十六國時期，割據河西的封建小朝廷都大力奉佛。412 年，匈

奴族的沮渠蒙遜佔領姑臧（即涼州），統一河西走廊，建立北涼國。沮渠篤信佛教，邀請很多中外名僧來涼州譯經，並在境內大量開鑿佛教石窟。據考古工作者勘查，今天甘肅武威東南 40 多公里的張義堡天梯山是沮渠最早開鑿石窟的地方。這裏有四座中心塔柱窟，中間塔柱方形通頂，每面開二或三層佛龕，再在龕內塑造佛像。窟內壁面上又有兩層壁畫，表現的是西方極樂世界的美妙景象。在同屬北涼國境內的肅南與酒泉地區，也發現了類似的中心柱窟：側壁是保存較好、展現西方極樂世界的壁畫，有排列整齊的千佛像、阿彌陀佛、大勢至菩薩像和供養人像；窟頂環繞中心塔柱畫的是翱翔的飛天和伎樂天，造型生動，姿態多樣，將佛國世界烘托得熱烈非凡。北涼國的石窟和深受犍陀羅風格影響的龜茲石窟有不可分割的淵源關係，中原的石窟藝術也正是從這裏起步的。

雲岡與龍門

北魏太延年間，北魏大軍平定涼州，滅亡了北涼政權，然後將涼州的王室貴族、城中百姓、僧侶、工匠遷徙到北魏的首都平城（今山西大同）。《魏書》記載：「……太延中，涼州平，徙其國人於京邑，沙門佛事皆俱東，象教彌增矣……」從此，涼州所承載的龜茲佛教藝術又再次東遷，來到北魏帝國的首都平城。

460 年，一項更大規模的造佛計劃開始在北魏統治集團中實

施，它的策劃者就是來自涼州的著名高僧曇曜。他建議在京城西郊武州山（又叫雲岡）開窟五所，各鐫建佛像一軀。在曇曜的指揮下，同樣來自涼州的石匠們在雲岡北崖上，搭起高高的腳手架，架上再搭上長梯子。他們有的站在架子上，有的站在梯子上，手拿鋼釬、鐵錘開鑿。一些連梯子也夠不着的地方，石匠們就把繩子系在身上，從崖頂上吊下來，懸在半空中，蹬在崖壁上幹活。這樣幹了很長時間，先後開鑿了五個大石窟，這就是著名的「曇曜五窟」。其形制基本相同，主尊佛像形體高大（身高 13.5～16.8 米不等），佔據窟內絕大部分空間，兩側都有二佛侍立或倚坐；主從相差懸殊，與後世三佛並坐的方式大為不同。之後，北魏統治者又在距離「曇曜五窟」不遠處陸續修建了許多佛教石窟，統稱雲岡石窟。雲岡石窟繼承了涼州模式，又有所創新發展。佛像依山雕成，體量巨大，臉龐渾圓，額頭與鼻子在同一個平面上，雙目修長，炯炯有神，面相平和，雍容大度，頗具王者風範。

　　493 年，北魏孝文帝遷都洛陽。平城的佛教藝術完整地轉移到了洛陽，楊衒之的《洛陽伽藍記》記述了北魏遷洛以後佛寺修建的盛況：「王侯貴臣棄象馬如脫屣，庶士豪家舍資財若遺跡，於是昭提櫛比寶塔駢羅，爭寫天上之姿，競模山中之影。金刹與靈台比高，廣殿共阿房等壯，豈直木衣綈繡、土被朱紫而已哉！」北魏諸王、群臣皆奉佛法，造像之寺遍及京都，洛陽城南的伊闕又大規模開鑿佛教石窟，這就是後來冠絕九州的龍門石窟。宋代的蘇過（蘇東坡

之子）遊至此處，曾經寫下了「崢嶸兩山門，共挹一水秀。灘聲千鼓鼕，石壁萬龕寶」的詩句。

伊闕位於洛陽市南約 2 公里處，這裏兩山對峙，伊水中流，不僅形勝壯觀，而且是石灰巖山地，有天然洞穴可以利用。就在遷都的第二年，北魏宗室慧成開始在龍門山西山南段山崖開鑿大石窟，叫作「古陽洞」。過了五年，孝文帝的兒子、宣武帝元恪繼位以後，立即下詔，讓管理皇宮事務的大長秋卿白整參照雲岡石窟的樣子，在伊闕山給他父親孝文帝、生母高太后營建兩座石窟，後來又給自己增加一個，一共下令開鑿北、中、前三個大石窟，總稱「賓陽洞」。這是北魏遷都後花費財力最多的一組佛窟。據《魏書·釋老志》載，從 500 年到 524 年，20 年間用工 80 多萬人，但南、北二洞只開出了雛形，只有賓陽中洞按期完成了。

賓陽中洞是一所大型佛殿窟，窟室內部平面是馬蹄形的，寬 11.4 米，深 9.85 米，高 9.5 米。穹隆狀窟頂中心浮雕着一朵巨大的蓮花，有八身飛天環繞蓮花在散花奏樂；

正壁雕刻了通高 10 米的坐佛像，旁邊是二弟子、二菩薩像；左右壁上分別有一尊高大的立佛像和兩身脅侍菩薩立像。賓陽中洞後來成為北魏後期佛殿窟的樣板，歷代北魏貴族按照這個模式繼續修建了「蓮花洞」「火燒洞」「普泰洞」「魏字洞」「皇甫公洞」和其他一些中型洞窟。經過東魏、北齊，特別是唐代，龍門山和杳山又陸續開鑿出許多石窟，總計不下幾千個。尤其在龍門山，形成了長約

三里的石窟群，遠看就像蜂窩。兩山的石窟中，總共有佛像 9.7 萬餘個。這些石窟和石像，北朝的作品佔 30%，唐代的作品佔 60%，其他各個朝代的作品佔 10%。它們的總稱仍叫龍門石窟，乃漢族地區規模最大的佛教石窟群。

漢化的佛陀

直到今天，當我們徜徉在那一座座宏偉壯觀、精美絕倫的佛寺廟宇、佛教石窟中時，來自千年之前的佛教藝術依然閃動着攝人心魄的靈光，依然那樣強烈地震撼着我們的心靈。佛教作為一種外來文化，要想在一個文化已經十分發達的異域國家裏得到發展，必須與本土文化相結合。故而隨着佛教沿着絲綢之路東傳，佛教藝術受犍陀羅風格的影響也隨着時間的推移變得越來越淡薄。

在早期的雲岡石窟中，佛像外穿袒露右肩的袈裟，衣紋或為平行隆起的粗線條，或為細密貼身的平行弧線；面相渾圓，細眉長目，深眼高鼻，嘴角露出淡然微笑，兩眉齊挺，胸部厚實；菩薩像則袒露胸腹，胸前佩戴項圈，其造像仍然深受犍陀羅樣式的影響。中期的雲岡石窟，由於受到南朝「秀骨清像」審美觀的影響，佛教造像多為清臞秀弱、面貌清瘦、寬袍大袖的漢人名士形象，頗具魏晉玄學名士清淡俊朗之風骨氣質。此時的佛和菩薩的面相一般偏瘦，表情溫和怡靜。而印度佛像中裸胸露腹的傳統既不符合我國北方氣

候，也與中原漢民族堅守的儒家傳統相悖，因此一些佛像也開始穿上了反映北魏服裝漢化改革，極具時代特徵的「褒衣博帶」。譬如此時的中國雕塑流行樣式，佛像的披帛搭在臂上，由兩肩下垂交叉於兩腿間，然後上卷至肘部，再向外飄，上卷處顯露折角、衣紋的表現技法，就是在早期犍陀羅風格的基礎上，除保持原有的陰線與凸起的線條外，新發展出直平階梯式的紋飾。恰如梁思成先生所説：「在雲岡石窟中可以清晰地看到，在中國藝術固有的血脈中忽然滲入旺盛而有力的外來影響，它們的淵源可以追溯到古代的希臘、波斯、印度，它們通過南北兩路經西域各族和中國西藏到達內地……」而這裏所講到的「南北兩路」，正是我國古代開闢的絲綢之路。

　　至於北魏遷都後開鑿的龍門石窟，更是延續了雲岡石窟風格上的轉變，其發展使佛教藝術繼續在漢地全面而廣泛地產生影響，並最終完成了中國化、本土化的過程。作為北魏龍門石窟的代表，賓陽洞最突出的特點就是漢化程度高。主佛不再是「曇曜五窟」那種直眉高鼻、威嚴肅穆、衣飾作右袒或通肩式的形象，而是眼若纖月、眉作半弧、鼻翼豐滿、嘴角上翹、面帶微笑的世俗化的人物形象，而且軀體偉岸、兩肩寬厚，完全是中國士大夫的化身。窟門外上方刻着尖拱火焰頂，象徵佛光；門兩旁各站立一位金剛力士，以顯示佛國的威嚴，而這些張口怒目，或三頭六臂，或一頭四臂的護法神形象，都是中國神話中的人物。此外，由於中國的僧人沒有在石窟中修行的習俗，雲岡時期那種中心塔柱式的支提窟和有明窗設

計並分上下龕的形式，在龍門石窟已經無跡可尋。賓陽洞窟楣下僅留有柱頭裝飾，可以說是犍陀羅藝術保留下來的一點風韻。賓陽中洞沒有供僧侶繞塔禮拜的功能，提供的是講經說法的場所。

由此可見，龍門石窟中的北魏佛窟已經完成了傳自印度的佛教石窟藝術的漢化進程，形成了漢民族獨特的石窟形制。佛教石窟藝術伴隨佛教的東傳而進入我國，漸次東進，植根中原，並在這個過程中逐步完成了它的漢化。而雲岡、龍門那些歷千年而不朽的石窟藝術作品，便是文化交流的珍貴歷史見證。

第三章

志合者，不以
山海為遠

絲綢之路上的西方來客

從傳教士到馬可‧波羅

碰壁的傳教士

13 世紀蒙古帝國的崛起開創了一個歷史上前所未有的龐大帝國。1235 年，蒙古軍隊發動第二次西征。成吉思汗的孫子拔都在橫掃俄羅斯和烏克蘭地區後，兵鋒西指，侵入波蘭、匈牙利，在里格尼茨大敗波蘭和普魯士騎士團聯軍。歐洲的驕傲騎士們在剛猛的蒙古鐵騎和先進火器的衝擊下潰不成軍。蒙古大軍向西直抵「音樂之城」維也納近郊，向南衝到亞得里亞海岸，險些殺入意大利，活捉教皇。蒙古大軍勢如破竹的進攻震驚了歐洲，基督教徒們對這些「撒旦」何時從地獄中跑了出來一無所知，他們只能把蒙古軍隊的突然

降臨看成是上帝有意對他們的懲罰，因而無可奈何。就在歐洲人惴惴不安時，窩闊台汗在 1241 年 11 月 11 日酒醉昏迷突然亡故，在四到六個星期之後，消息從 6400 公里外的哈拉和林傳到了歐洲，蒙古軍隨即東歸，這才結束了這次傳奇的西征。

　　在歐洲似已成為引頸待屠的獵物之際，蒙古軍隊撤走了，但對蒙古發動新進攻的恐懼卻長年縈繞於西方世界。蒙古人的突然出現給整個歐洲造成了巨大的震驚和恐慌，1245 年，教皇英諾森四世在法國里昂召集宗教大會，大會最重要的議程之一就是商討防止蒙古侵略的問題。其決定中寫道：「韃靼人是基督名字的死敵。基督徒仍然有遭到他們攻擊的危險 —— 因為沒有把基督徒完全征服，如他們按照消滅基督教的願望那樣做，他們將肯定返回來，而在波蘭、俄羅斯、匈牙利及其他國家所見到的恐怖，將重新出現。」大會一方面決定為易受蒙古侵略的民族增築堡壘，堵塞道路；一方面決定派遣教士充當使者出使蒙古，勸說蒙古人停止殺戮基督教徒和侵犯歐洲，並勸說蒙古人改信基督教；至於還有一個不能明言的目的則是刺探有關韃靼人及其他東方人的地域、生活方式、宗教信仰、王室世系以及通往那裏道路的情報。但他們最迫切想要了解的，是元王朝和東方人有關戰爭的詳情：蒙古人的媾和、征服地區，對臣民的壓迫，勇敢抵抗他們的地區；怎樣同蒙古人作戰，蒙古人的意圖、武器和部隊組織，對付蒙古人的韜略，城市防禦工事以及戰俘處置等方面的情況。

這個艱難的任務落到了當時年已 65 歲的聖方濟各會士、意大利人柏朗嘉賓身上。他帶一封教皇致蒙古大汗的書信來到東方。信件的主要內容是英諾森四世責備蒙古人在西征過程中的屠殺，希望其改過，並想與蒙古建立聯盟，這封信幾乎完全是政治性的。柏朗嘉賓一行於 1245 年 4 月 16 日復活節時從里昂出發，他們在非常困難的情況下——一無任何東方語言知識，二無翻譯，三無向導——在古絲綢之路上騎行或步行了兩年半之久，行程萬餘里。他如同張騫一樣，「鑿通」了絲綢之路，從西歐直通中國的元帝國，成為證據確鑿的西方直接出使中國的第一人。

在此之前，從未有過從羅馬直抵中國或從中國直抵羅馬的使團或駱駝隊，此前這種交往始終是中途各王國和各民族接力完成的。中間商為了政治和商業利益，甚至還專門製造假象掩飾真相，阻止中西方直接交往。只有當蒙古人打通歐亞交通之後，這種直接交流才成為可能。

柏朗嘉賓經東歐，抵伏爾加河畔，在那裏觀見了欽察汗王拔都。拔都在看了教皇的書信後，感到自己無權做出決定，命他們趕快到和林朝見大汗。1246 年 7 月，他們抵達蒙古帝國首都，在那裏參加了貴由汗（窩闊台的長子）的即位大典。這在當時的中西關係中，尚屬首例。直到明末清初，才有歐洲傳教士們參加中國皇帝或皇后的登基大典與葬禮，柏朗嘉賓始終是亨有此殊榮的西歐第一人。

就外交使命而言，柏朗嘉賓可以說是徹底失敗，蒙古統治者對

教皇的勸諭嗤之以鼻，既否決了教皇「阻戰」的意圖，又拒絕了他勸說蒙古人改信基督的要求。相反，貴由汗在致教皇英諾森四世的信中說：「如果你的使者返抵你處，送上他自己的報告，你，大教皇，和所有的君主們一道，應立即親自前來為我們服役……現在你應該真心誠意地說『我願意降服並為你服役』。你本人，位居一切君主之首，應立即前來為我們服役並侍奉我們！那時我將承認你的降服。」「如果你不理睬我的命令，我將認為你是我的敵人。同樣地，我將使你懂得這句話的意思。」

但另一方面，柏朗嘉賓獲得了關於那個時代蒙古帝國的寶貴的第一手資料。在他於 1247 年 11 月 24 日返回里昂後，他將貴由汗的答覆書交給英諾森四世，並交上關於這次出使的詳細報告。在這份報告中，柏朗嘉賓記述了他從歐洲到蒙古的往返經歷和沿途見聞，並詳細記述了他在蒙古地區耳聞目睹的蒙古人的政治、軍事、經濟、宗教等多方面的情況。這份報告是用拉丁文寫成的，後來以手抄本形式流傳於世。由於有關早期蒙古社會的原始資料極其匱乏，因此，柏朗嘉賓和稍後（1253 年）另一位經絲綢之路訪問蒙古汗國的西歐人魯布魯克的《行紀》就因其無可替代而變得極為重要了。後者對於 13 世紀蒙古人經濟生活的記載遠比柏朗嘉賓更為詳細，比如，關於製作蒙古人最為喜愛的飲料馬奶酒，魯布魯克寫道：「他們把（大量）馬奶灌到大牛皮袋或大罐，開始用適用的木棒撞擊它；木棒的下端有人頭這樣粗，其內部鑽有孔。他們一開始攪動，

馬奶便像新酒般地開始沸騰，開始變酸或發酵，他們一直攪動到分離出奶油為止。當時他們嘗一下馬奶，如果味道相當濃，他們就喝它……總之，他們把馬奶攪到如此程度，其中的所有稠的東西都像酒渣般地一直沉到底，而純淨的部分則留在上面，它很像乳清或白葡萄汁。渣子很白。」

馬可·波羅東行

經過幾次西征，從太平洋沿岸直到黑海之濱，歐亞大陸大部分地區落入蒙古帝國之手，從此原先的疆界盡被掃除，一個完善的驛傳系統，把這一遼闊領域的各個部分連接起來。對於商人而言，絲綢之路從來沒有這樣安全舒適過。過去絲綢之路的旅行者首先要克服山谷、沙漠、戈壁等險惡環境中的困難，譬如晉代的法顯（337—422年）從敦煌西行到鄯善，在途經沙河時留下記載：「沙河中多有惡鬼、熱風，遇則皆死，無一全者。上無飛鳥，下無走獸，遍望極目，欲求度處，則莫知所擬，唯以死人枯骨為標識耳。」而且從漢代開始，絲路上的強盜就很猖獗，即使人數眾多的使團，也常遭搶劫。貞觀初年，玄奘西行求法，曾在新疆焉耆目睹過一場慘劇，「山西又逢群賊，眾與物而去。遂至王城所處川崖而宿。時同侶商胡數十，貪先貿易，夜中私發，前去十餘里，遇賊劫殺，無一脫者。比法師等到，見其遺骸，無復財產，深傷歎焉。」而在元代，商人、

使者只要持有蒙古帝國下發的乘驛牌子就可以暢通無阻地通行於官設驛道，與過去簡直有着雲泥之別。元朝政府還要求各城市縣鎮設客棧館舍，為商旅提供住宿和飲食。因此西歐的商人們紛紛到東方尋找財富，發展貿易，其中最為活躍的就是威尼斯商人。早在 10 世紀末，威尼斯人就曾運送糧食、酒類和木材到君士坦丁堡，從那裏換回絲織品。由於貿易市場有限，開闢新路線、拓展新市場就成了威尼斯商人的首要任務。

1265 年，威尼斯商人尼古拉·波羅與馬菲奧·波羅兄弟到達蒙古帝國的汗八里（大都，今北京）。雖然他們的身份是商人，但是在蒙古帝國時期，外國商人經常習慣性被看成是收集情報的使節，因此後來馬可·波羅宣稱自己是忽必烈汗在印度洋的外交使節。

忽必烈十分尊敬從遠方來的這兩位客人，擺設宴席招待他們，因為他們是第一批來到中國的拉丁人。忽必烈熱情地與他們交談，詢問西方各國、羅馬教皇和其他基督教君主的情況。他希望了解這些君主在國內的權威、其領土的廣袤、司法和軍事狀況，尤其是教皇的情況、教會的事業、宗教崇拜及基督教教義。波羅兄弟因為通曉蒙古語言，為忽必烈一一解答。波羅兄弟在忽必烈的宮廷住了一年之後，忽必烈送他們返回家鄉。他們帶着忽必烈寫給教皇克萊門特四世的信件，信中請求教皇派遣 100 名通曉基督教教義以及西方科學的人來，並且請求贈予一些耶路撒冷耶穌聖墓中的聖燈油。為了確保兩兄弟旅途中的安全，忽必烈贈送他們一面金牌，大概 30 厘

米長，2厘米寬，上面刻着「永恆天神的力量，可汗的名字是神聖的。尊敬手持此牌的人，使其免受殺害」。這面金牌實際上就是波羅兄弟的「貴賓護照」，可以保證他們在大汗帝國境內受到所有地方官吏以及驛站的妥善護送，他們所經過的一切地方都會提供他們所需的物品。

回到家鄉後，波羅兄弟聽説了當時的教皇克萊門特四世已經去世的消息，於是將出使蒙古的情況報告給1271年新選出的教皇，也就是格里高利十世。格里高利十世熱情接待了波羅兄弟以及尼古拉的兒子馬可·波羅，並立刻寫信，選出兩名傳教士一同去忽必烈大汗的帝國，這兩名傳教士擁有豐富的科學、文學、神學知識。教皇還送給大汗許多珍貴的禮物。於是波羅兄弟帶着17歲的馬可·波羅開始了第二次東方之行。

經過三年半的長途跋涉之後，波羅一家到達元上都（遺址在今內蒙古正藍旗草原），遞交了羅馬教皇的書信。元朝制度規定：「凡諸國朝貢使客，雖是經由行省，必須到都（指大都），於會同館安下。除已令本館將已起見在使客，詢問本國國主姓名、土地廣狹、城邑名號、至都里路、風俗衣服、貢獻物件、珍禽異獸，具報本部，移關貴監，以備標錄。其使客形狀、衣冠令唐文質就往本館摹寫外，關請照驗。」馬可·波羅到上都不久，就被帶到大都。

在這裏，忽必烈特別召聚群臣歡迎波羅一家的再來。波羅兄弟呈上了教皇格里高利十世的書信和禮物。大汗發現年輕的馬可·波

羅十分聰穎，尤其是他在語言方面顯示出來的才華，對他表示熱烈歡迎。毫無疑問，語言才能在當時的蒙古宮廷是個必備技能。由於是多民族帝國，忽必烈的朝廷充斥着蒙古語、契丹語（經考證屬於蒙古語族）、西夏語、藏語、波斯語（元代絲綢之路上最重要的國際交際用語），當然還有漢語。日後的馬可・波羅說他自己掌握了四種語言，其中肯定有波斯語，因為馬可・波羅的父親和叔叔曾在不花剌城（今烏茲別克斯坦布哈拉市）住過三年，可能在那裏學會了波斯語。馬可・波羅在杭州結交一位南宋遺民時，是請一名穆斯林商人做的翻譯，此外，他將盧溝橋稱作 Pul-i-Sangin（波斯語「石橋」），這都說明馬可・波羅通曉波斯語。但馬可・波羅對漢語可能缺乏了解，以致附會出了「蘇州訓若『地』，杭州訓若『天』」等偽說。

這在當時不算少見，在元朝做官的蒙古人、西域人中，讀書人不多，比如 1278 年在江淮行省任職的蒙古人、西域人官僚竟無一人通文墨。不過馬可・波羅肯定知道漢語的存在，他回憶說：「蠻子全境（指南宋故地）各地有種種方言，猶之熱那亞人、米蘭人、佛羅倫薩人、阿普里人各有一種語言，僅有本地之人能解，蠻子全境僅有一種主要語言，一種文字。」這當然與東南各地吳、粵、閩、贛、湘、客家等漢語方言駁雜卻共用漢字為書面語的情況是一致的。

中西交流中的光輝一頁

馬可·波羅曾被忽必烈差遣出使兩次，一次大理，一次印度。主要為忽必烈了解當地的風土人情，匯報當地的商業情況，馬可·波羅也在其遊記中記載下這兩地的民間風俗和物產。蒙古人通常會聘用一些效忠蒙古帝國的外國商人，並派遣他們來管理所屬的千戶或萬戶。馬可·波羅曾多次提到有關鹽業的事情，鹽業貿易在元代商業中較為重要，馬可·波羅也曾參與經營。不過，馬可·波羅在中國的 17 年並不是作為傳統意義上的官員留居中國，而是作為一名商人。在他沿途所記的內容中，他用較大篇幅記載了各地區的物產、貿易、貨幣等情況，內容與商業關係密切。

馬可·波羅多次提到紙幣，還專門介紹了元朝的紙幣，包括紙幣材質、造幣機構、製造工藝和形制、紙幣的流通等。元朝在汗八里設有造紙廠，「大汗令人將桑樹 —— 它的葉可以用來養蠶 —— 的皮剝下來……近似正方形，但要略長一點。最小的薄片當作半個圖洛使用……它的形式與工序和製造真正的純金或純銀幣一樣，是十分鄭重的」。

這些紙幣，尺幅有大小，面值不等。實際上，元代是中國歷史上首次在全國範圍內統一使用紙鈔。忽必烈上台之後，中統元年（1260 年）七月先是發行以絲為本的中統元寶交鈔，後來發行以銀為本的中統元寶鈔。「這種紙幣大批製造後，便流行在大汗所屬的國土

各處……所有老百姓都毫不遲疑地認可了這種紙幣，他們可以用它購買他們所需的商品……總之，用這種紙幣可以買到任何物品。」

　　元代大城市的繁榮給馬可・波羅留下了深刻的印象。在馬可・波羅眼中，元大都是一個經濟貿易很昌盛的大都會。「凡是世界各地最稀奇最具有價值的東西都會集中在這個城裏，尤其是印度的商品……以滿足來京都經商的商人的需要。這裏出售的商品數量比任何地方都要多……我們使用的金絲織物和其他各種絲織物也在這裏大量地生產。」作為南宋的都城，入元以來，杭州成為江浙行省的首府，仍然保持着繁榮。在描述杭州時，馬可・波羅寫道：「城內除了各街道上密密麻麻的店舖外，還有十個大廣場或市場……這些貨棧是為了那些從印度和其他地方攜帶貨物來的商人而準備的……每個市場在一星期的三天中，都有四五萬人來趕集。所有你能想到的商品，在市場都有銷售」；「一年四季，市場上有各種各樣的香料和果子……酒也有從別處送來的……當你看到運來的魚，數量之多，可能會不信它們都能賣出去，但是在幾個小時之內，就已銷售一空。」

　　馬可・波羅一家在中國各地經商，獲得了巨大的財富，想要返回家鄉，但是忽必烈十分不捨。1291 年，他們終於找到契機。朝廷要派人護送忽必烈賜婚給伊利汗阿魯渾的王后闊闊真（這是在漢文文獻中唯一一條與馬可・波羅有關的紀事，確定了馬可・波羅的離華時間）。因為陸路十分不安全，馬可・波羅提議走海路，忽必烈

接受了他們的建議。但是路途漫長，只得由這三個航海經驗豐富的威尼斯商人同行護送。波羅一家經過重重困難，終於返回家鄉。這時，他們已經離開家鄉 24 年，不僅儀容舉止酷似蒙古人，甚至連威尼斯話都說不好了。長途跋涉，歷經險阻，他們的面貌完全變了，再沒有一個人能認出他們。

回到歐洲的馬可·波羅將他在東方各地寄居多年的經歷經過口述，由他人編寫成書，當時稱為《東方見聞錄》，後來通過對原稿的傳抄傳譯，就成了今天的《馬可·波羅行紀》。《行紀》由兩部分組成。第一部分是波羅家三人兩次東行的概要。其中敘述了尼古拉二人從君士坦丁堡出發，經欽察汗國到達忽必烈的宮廷，後來又作為忽必烈的特使，被委派去羅馬而回到歐洲前後的情形，以及他們二人攜帶馬可第二次去大都，在元朝居留 17 年，最後獲准回國，一路到達波斯的經過。第二部分是旅途見聞，大體上是按他們旅行的順序寫的，較詳細地記載了各地的山川名勝、物產人情。

馬可·波羅所敘述的中國富庶繁榮，文化昌明，在當時相對落後的歐洲引起了轟動，《行紀》對中國與亞洲諸國的記述，很快進入歐洲地理學家的視野，他們在自己的著述或地圖中，紛紛採納《行紀》裏的描述。大汗國、契丹、汗八里這些中國地理名詞，逐漸為歐洲人所熟知。從西方地理繪圖對遠東的描述這一角度來看，馬可·波羅的影響甚至到 18 世紀都沒有完全消失。在歐洲對遠東逐漸深入的研究中，馬可·波羅是後古典時代被引用得最多的作者之一，

地理製圖和地理學文獻都不斷引用他的描述。《行紀》對汗八里的誇張描寫，喚起了歐洲讀者對東方帝都的嚮往，也點燃起他們向東方尋找財富的慾火。

東方的十字架

馬可‧波羅返回歐洲之後，羅馬教廷繼續派遣方濟各會修士到中國傳播上帝的「福音」。

早在隋唐時期，基督教的一支──聶斯脫利派（Nestorians）就循著絲綢之路傳播到了東方。這個起源於敍利亞的教派不承認聖母瑪利亞的地位，因而長期被天主教視為「異端」（直到 1994 年）。唐貞觀九年（635 年），經過絲綢之路上的長途跋涉，聶斯脫利派僧侶阿羅本將此教傳入唐朝，被當時的中國人稱為「景教」，傳播兩百餘年。

755 年安史之亂爆發後，一代名將朔方節度使郭子儀的帳下，就有一位名叫伊斯的景教僧人，他「為公爪牙，作軍耳目」，軍功卓著，被朝廷封賞，被賜紫衣袈裟。建中二年（781 年），吐火羅人伊斯出資於長安義寧坊大秦寺立《大秦景教流行中國碑》（現存西安市碑林），成為研究中西交通史的珍貴資料，亦是綴在絲綢之路這條五彩絲帶上的一顆閃閃發光的寶石。

會昌五年（845 年）唐武宗滅佛時，同為外來宗教的景教遭受

池魚之殃而在中原一蹶不振，寺院被毀，外來宣教士被驅逐回國，中原的信徒也被迫放棄信仰，但景教仍在北方的草原民族中廣泛傳播。蒙古草原上的兩個強大的部落，王罕的克烈部與塔陽汗的乃蠻部均信仰景教。「長生天」的信徒拜倒在耶穌基督像前，也許難以想象這個場面，但這確實在歷史上發生過。

早在魯布魯克訪問蒙古時，他就因為在哈拉和林居住了五個月，透過在宮廷的見聞，對蒙古帝國有了較深的認識。例如蒙古人的法律和審判制度，以及居住在蒙古的外族人的狀況。最使他欣喜的就是在蒙古帝國有很多基督教教堂。在魯布魯克眼裏，蒙哥大汗雖然沒有皈依耶穌，但禮遇、寬容基督教。在元朝建立之後，忽必烈以及他的繼任者對各種宗教仍舊兼容並蓄，「招募和僱用儒家學者、佛教僧人、基督教徒以及伊斯蘭教徒擔任顧問，為皇帝制定一些新的政策」。這些皇帝身邊的「顧問」同時獲得了許多優待。正是統治者的這種管理方式，熱情歡迎了西方的傳教士來華並帶來祝福。也正是「先行者」的這些描述，促成了教廷繼續遣使前往東方。

1289 年教皇尼古拉斯四世任命孟特戈維諾為教廷的使節來到中國。孟特戈維諾經過亞美尼亞、波斯和印度，從海路來到中國，1294 年到達元大都，覲見當時的元成宗（1295—1307 年在位），將尼古拉斯四世於 1289 年 7 月寫給忽必烈大汗的信件呈上，信件內容主要是希望忽必烈准許孟特戈維諾在中國傳教。孟特戈維諾受到元朝的熱情接待，被准許在大都傳教。但是羅馬教廷並沒有及時收到

孟特戈維諾的情況報告，直到 1307 年，羅馬教廷才收到孟特戈維諾的信件。

在此之前，孟特戈維諾寄過三封信件到歐洲。第一封的時間大約是 1292 或 1293 年，首先介紹他觀見大汗的情況，請求大汗改信天主教，雖然大汗沒有應許，但是依然厚待基督徒，傳教士們可從大汗處領得非常豐厚的補助金。其次，由於聶斯脫利派在西方傳教士眼中屬於異端，而在元朝的勢力不容小覷，孟特戈維諾在中國期間曾一度受到排擠，蒙受冤屈，但是最終真相大白。第二封信件寫於 1305 年，孟特戈維諾講明他在汗八里建立了一所教堂，並且已經使 6000 多人受洗；他收養了一些幼童，教他們拉丁文和教會禮儀，還組織了聖詩隊。除此之外，他還匯報了自己已經勸服蒙古貴族闊里吉思的兒子放棄聶斯脫利派皈依天主教，並建立了教堂。孟特戈維諾還強調，如果有助手幫助他的話，也許大汗已經受洗了。他懇請教皇派遣使者來傳教，但是受派遣之人一定要是甘心獻身傳教而非沽名釣譽之徒。1306 年，孟特戈維諾又寫下第三封信，主要內容就是他在大汗的宮門前面建築了一座新的教堂，這在中國各民族之間產生了很大的影響。此外，孟特戈維諾還特別強調了他在大汗的宮廷中受到厚待，並且大汗十分渴望西方派遣更多的使節來訪。

另一位方濟各會修士鄂多立克 1316 年來東方旅行，在元朝的皇宮中也有一席之地。他為大汗祝福，並在宮廷之中積極傳教，許多大臣都接受其所傳，因此在宮中和大汗關係較為親密的王公大臣都

是基督徒，鄂多立克亦深得大汗信任。由於鄂多立克看到孟特戈維諾去世（1328年），便於當年決定離開北京，向教皇報告汗八里教區主教去世這一消息。但回到家鄉後，鄂多立克就生病去世了，最終沒有見到教皇。鄂多立克所著的《鄂多立克東遊錄》詳細介紹了其東遊過程中的所見所聞，同其他旅行者相比，他的觀察更仔細，內容更獨特，對中世紀的中西交通史研究有重要意義。對中國南方的描述，如廣州人吃蛇肉，錢塘江地區婦人的奢華生活，以及中國婦女的裹腳之説，鄂多立克都是記錄之第一人。

同時，鄂多立克在宮廷中停留時間較長，其書中對元朝的宮規、禮儀等也有詳細記載。在元代來華的諸多歐洲旅行家中，鄂多立克的地位僅次於馬可·波羅，具有很大的影響力。

不過，元代天主教東傳在經歷了短暫的興盛後很快就銷聲匿跡，其中原因很多。一是雖然絲綢之路暢通，但東西路途畢竟遙遠，傳教士千里迢迢東往傳教，實在不易；加上歐洲基督教世界內部紛爭不斷，對向東方擴展勢力未予充分重視，因而沒有很好地利用歷史良機。二是元代中國境內的基督教派系鬥爭——即聶斯脱利派與天主教派的互相敵對，阻礙了天主教勢力的發展。三是元代統治者所採取的宗教寬容、兼容並蓄的政策雖為基督教東傳創造了條件，但也使基督教在中國處於比它勢力更強大的佛、道、伊斯蘭等教的包圍中，很難爭取到更多的信徒，尤其是下層民眾。而當元朝勢力衰弱，統治者自顧不暇，無力兼顧外來宗教勢力時，東傳基督

教勢力在中國的繼續存在和發展便失去了依靠。隨着元朝的滅亡以及蒙古大部退居漠北，基督教在中原銷聲匿跡達 200 多年，直到明朝晚期利瑪竇等人從海上絲綢之路來華。儘管如此，13 世紀「蒙古和平」時代經由絲綢之路而將歐亞大陸兩端的人們聯繫在一起的旅行家與傳教士們，仍在歷史上留下了自己的印記。

被世界遺忘的文明使者
「無功」的列班‧掃馬

1887 年 3 月，伊朗西北部庫爾德斯坦一位窮困潦倒的占星家所羅門，在特克哈馬發現一位年輕的土耳其聶斯脫利派基督徒手中有本敘利亞文手抄本，便借去閱讀，不意竟是 13 世紀後期兩名聶斯脫利派基督徒僧侶——列班‧掃馬與馬古思的行紀和傳記。一段早已湮沒在歷史長河中卻又堪與馬可‧波羅東遊相媲美的傳奇，終於得以重現天日……

景教的朝聖者

在今天北京市海淀區，有個地方叫魏公村，此地原來的名字其實叫「畏兀村」，是元代畏兀兒人在大都聚居的地方，後來音變訛傳

而成為「魏公村」。1225 年前後，掃馬就出生在這裏的一個聶斯脫利派基督徒（中國稱為「景教」）家庭。掃馬自幼被認為適於從事教士職業，於是被授以經文，23 歲時接受洗禮，成為景教徒，曾長年在京郊房山十字寺中靜修，過着隱士生活，故而被稱為「列班」（古敍利亞語「大師」「長老」的意思）。

列班・掃馬生活的年代恰逢蒙古帝國的擴張浪潮，蒙古鐵騎橫掃歐亞，打通了阻隔已久的絲綢之路，建立了人類歷史上最龐大的國家。元代文人曾寫道：「國家疆理之大，極天所覆，廣袤數萬里，自畿甸而要荒，如腹心手足聯合一體，內外使者往來於道，若血脈之流通，此驛所由置也。」世界著名旅行家馬可・波羅在他的遊記中寫道：「有不少道路從汗八里城（元大都）首途……行 25 哩，使臣即見有一驛，其名曰站，一如吾人所稱供給馬匹之驛傳也。」由於蒙古帝國疆域之內驛站普及，「在伊朗和都蘭（突厥斯坦，今中亞）之間的一切地方享有這樣一種安寧，頭頂金盤，自東往西，不會遭受任何人的侵犯」。毫無疑問，這是使節、商隊、旅行家們的福音。

對於景教徒掃馬和他的弟子馬古思而言，此時還有另外一個好消息。旭烈兀率領蒙古帝國第三次西征，在西亞建立了伊利汗國，而旭烈兀是一位深受聶斯脫利派基督教影響的佛教徒，他的母親——拖雷的妻子唆魯禾帖尼信奉景教，他的元妃脫古思可敦也是基督徒，她們都是信奉景教的克烈部王罕的後人。據説，脫古思可敦常年在她的大帳外設立一座教堂，人們時常聽到鐘鳴。也因為這

層關係，旭烈兀在西征中非常注意保護基督徒，在蒙古軍攻克報達（巴格達）城後的大屠殺中，僅有基督徒免遭屠戮。

在聶斯脱利教派的發源地西亞地區，聶斯脱利派基督徒在阿拉伯人以武力為後盾傳播伊斯蘭教時受到很大打擊，備受歧視。阿拉伯人規定他們必須用藍色纏頭，額前不許留髮，進入公共浴場時須系一個鈴哨。穿鞋要一隻腳穿白色鞋，一隻腳穿黑色鞋，以便與穆斯林相區別，免得穆斯林受他們「玷污」。此外，他們被禁止騎馬，只許騎驢；不許執兵器；説話不能比穆斯林聲音高；教堂的外觀必須和普通民房一樣……而在旭烈兀西征之後，蒙古人變成了「解放者」，他們把敬奉基督的帳幕載在車上，用木鈴召喚人們來做禮拜。在「蒙古和平」之下，聶斯脱利派基督徒得以從「二等公民」的身份中掙脱出來。

在這樣的背景下，1275 年前後，掃馬和馬古思做出了一個驚人的決定，他們將結伴前往聖城耶路撒冷朝聖，與此同時，兩人還可能負有作為忽必烈的密使，收集情報，探聽歐洲各國動向的祕密使命 —— 同一時期的馬可·波羅恰提及大汗要請教皇派 100 位精通「七藝」的教士到中國來。兩人得到忽必烈的允許，領了大汗的令牌，從大都出發，沿着朝廷設置的驛站一路向西。馬可·波羅的來路正是列班·掃馬的去路，兩人先後途經銀川、蘭州、涼州（今武威）、甘州（今張掖）、敦煌、石城鎮（今若羌）、玉闐（今和田）、也里虔（今莎車）、可失合兒（今喀什）抵達中亞重鎮 —— 屬察合

台汗國的撒馬爾罕。再從此處出發，沿着古老的絲綢之路進入伊利汗國，經由報達（巴格達）抵達汗國首都大不里士。

伊利汗的野心

可惜通往耶路撒冷的道路就到此為止了。艾因‧賈魯戰爭之後，蒙古鐵騎的西進步伐在約旦河左岸被永久性地阻止了。1260 年 9 月 3 日，埃及馬穆魯克的軍隊與蒙古軍會戰於此。清晨，蒙古人發起進攻，鼓聲震天，矢如雨下，兵力處於優勢的馬穆魯克軍隊居然全線潰退。危急時刻，主帥忽都斯衝入敵陣，高呼「願安拉佑其臣僕戰勝韃靼人」。埃及人反退為攻，蒙古人屍橫遍野。蒙古統帥怯的不花不聽撤退勸告，寧願以身殉職，繼續與上千人作戰，最後因馬跌倒而被俘。最後，怯的不花被殺身亡，蒙古軍全線崩潰。忽都斯率兵勝利進入大馬士革。至此，遠至幼發拉底河的整個敍利亞（包括巴勒斯坦地區）都併入埃及的馬穆魯克蘇丹國。

終伊利汗國一世，馬穆魯克都是蒙古人難以逾越的障礙，聖城耶路撒冷也被其牢牢握在手中。朝聖路途斷絕的掃馬和馬古思遂滯留在大不里士。正在巡行阿塞拜疆地區的聶斯脫利派基督教大總管馬屯哈見掃馬和馬古思兩人來自忽必烈身邊（伊利汗國名義上是元朝的屬國，「伊利」即從屬之意），地位和身份特殊，又兼通蒙古、突厥語，很適合做傳教工作，遂於 1280 年任命馬古思為中國北方的

「契丹城和汪古部大主教」，掃馬為巡察總監。掃馬和馬古思兩人秉承大總管的旨意，動身返鄉。第二年，二人正走在半路上，聽聞馬屯哈大總管死於報達，立即改變了主意，折返報達為大總管送葬。馬古思更被各地主教一致推選為聶斯脫利派「東方教會大總管」，稱「雅伯拉哈三世」，一時榮耀無比。

原本僅是一介朝聖香客的東方景教徒，客居伊利汗國時卻忽然間身價倍增，其中自然有其政治原因。馬古思當選為教會大總管，完全是當時蒙古勢力強大的關係，因為當時掌握統治權的人，都是蒙古出身的王族。因此必須由精通蒙古語言，了解蒙古的施政方針且熟悉蒙古民族風俗習慣的人來繼承教會總管。沒有比馬古思更合適的人。

不只是西亞的景教徒看重兩人，蒙古統治者也發現了掃馬與馬古思的價值。當時的伊利汗國正處於四面楚歌之中：西面，是戰勝自己的馬穆魯克蘇丹國；北面，是因爭奪富庶的阿塞拜疆而反目成仇的「親戚」欽察汗國；東北面，則是另一個覬覦呼羅珊土地的蒙古國家──察合台汗國。為擺脫腹背受敵的地緣政治局面，伊利汗國一方面結好元廷以牽制中亞的察合台汗國，另一方面則力圖與歐洲基督教國家合作，對付馬穆魯克蘇丹國及欽察汗國結成的聯盟。

1284 年，阿魯渾繼位後，延續了歷代伊利汗的政策，希望能與基督教歐洲聯合。為此，他決定派身為基督徒的列班‧掃馬作為使節出使歐洲。在寫給英、法國王與天主教教皇的信件裏，阿魯渾倡

議西歐基督教國家共同行動進攻埃及的馬穆魯克王朝。他甚至承諾：一旦蒙古和西歐同盟軍攻佔耶路撒冷，他將接受洗禮，改信基督教。

「異端」在天主教世界

1287年3月，掃馬帶領使團從報達出發，沿古商路西北行至黑海，然後乘船到達拜占庭帝國都城君士坦丁堡（今伊斯坦布爾），受到皇帝安德羅尼卡二世的熱情款待——他的妹妹15年前嫁給了阿魯渾的父親。在華麗到令人炫目的聖索菲亞大教堂，掃馬根本無法用語言描繪這裏的景象。然後他又乘船前往意大利那不勒斯港，抵達天主教世界。列班‧掃馬之行的歷史意義並不在於他從中國到達波斯，1200年前出使安息的甘英與600年前淪為戰俘的杜環都曾做到這一點，若掃馬的足跡也僅停留於此，他的身影就會消失在絲綢之路上偉大先驅的身後，但是他終於到達了亞平寧半島——他可能是歷史上第一位從中國到達西歐的東亞旅行者。

1287年6月23日是歷史性的一天。這天，那不勒斯港口停靠的一艘船上，走下來自汗八里的基督教教士列班‧掃馬。在此之前，還沒有一位來自遙遠東方的使者到過意大利。意大利人見過波斯人、印度人，卻還沒有見過契丹人，來自「大汗的國土」。

反過來，這裏的一切也讓掃馬感覺既陌生又熟悉。由於蒙古帝國統治者對宗教信仰採取寬容的態度，因此，當列班‧掃馬發現中

世紀歐洲只允許存在一種宗教時，他感到十分驚訝。特別讓他感到奇怪的是，宗教領袖不但擁有比政府還要大的政治權力，而且還擁有很多影響普通群眾日常生活的世俗權力。不過，由於自己本身是基督徒，列班‧掃馬很高興看到他所信奉的宗教能獨佔鼇頭。

掃馬的第一個重要目的地是羅馬，天主教的聖城。意大利中部的繁榮給他留下深刻的印象，他說沿途「沒有閒置的土地，到處都是房屋」。這一段旅行是輕鬆愉快的，唯一出乎意料的是，他聽說兩個月前，當他還在君士坦丁堡參觀拜占庭皇宮時，教皇霍諾里厄斯四世就已經去世了。現在是 12 位紅衣主教主事，新的教皇還沒有選出。在羅馬，紅衣主教們對「異端」聶斯脫利派表現出了敵意，對列班‧掃馬進行了教義詰問，而當他們聽到列班‧掃馬說「我從遠方來此不是為了討論或講述我的信仰，而是為了晉謁我主羅馬教皇和敬拜聖徒遺物，為了送交國王與宗主教的信件」時，他們甚至茫然不知所措，只能答應讓列班‧掃馬先休息、觀光。列班‧掃馬的旅行始終交織着出使與朝聖，而在朝聖者眼裏，景觀豐富的羅馬城只剩下聖跡了。

老教皇已死，每一位紅衣主教都想自己當教皇，結果新教皇一時選不出來。掃馬的使命無法立時完成，他只好繼續北上，前往巴黎拜見法國國王腓力四世，呈交了阿魯渾的信件。腓力四世口頭答應派軍隊幫助阿魯渾奪取耶路撒冷，並允許掃馬在巴黎 —— 當時歐洲最大的城市 —— 住了一個多月，「參觀了市內一切」。但後者在遊

記中特別提到的只有聖丹尼教堂，那裏停放着已故法國國王們的棺木和他們的王冠、武器及衣服，有 500 名修士在為他們齋戒、禱告；卻始終沒有提到巴黎聖母院。這一點有些不可思議，唯一可能的解釋是掃馬和他所在的教會，都無法接受一個供奉「聖母瑪利亞」的教堂——景教正是因為不承認聖母瑪利亞的地位而被天主教視為異端的。

隨後，掃馬一行又向西南來到加斯科尼拜見了英王「長腿」愛德華一世。從蒙古汗國首都算起，掃馬已經在陸路上繞行 11200 公里，穿越中東的主要城市，經過歐洲諸國的都城，可能是歷史上走得最遠的官方使者。在加斯科尼，愛德華一世從王座上站起來，沒有向使者遞交與蒙古大汗聯盟的意願書，卻從使者手中接過了作為基督徒共享的聖餐——麵包。和法王一樣，老奸巨猾的「長腿」也聲稱收復聖地耶路撒冷，「基督教君主責無旁貸，他們身上佩帶的十字徽章時刻提醒他們這一神聖使命」。不過，英王的承諾同樣口惠而實不至，與腓力四世如出一轍。

12 月，掃馬回到熱那亞過冬。1288 年 2 月，教廷終於選出了新教皇，掃馬急忙趕往羅馬。新教皇尼古拉四世的禮遇令作為一個朝聖者的掃馬感激涕零：他被挽留下來過復活節，有幸在梵蒂岡參與了一次彌撒，從教皇手裏享用了聖餐，並參與了復活節期間所有重大儀式。

無功而返的使節

但是作為使節，掃馬失敗了。教皇在給伊利汗的信中隻字不提派遣十字軍配合攻打馬穆魯克，似乎收復聖地只是蒙古人的事情；反而再三敦促阿魯渾接受洗禮，受洗後「藉助主的幫助，耶路撒冷的解放將會更容易實現」。換句話說，阿魯渾指望不上十字軍的援助，而應該先信仰上帝，然後等待上帝在他攻打馬穆魯克時助他一臂之力。狡猾的教皇將責任一半推給阿魯渾，一半推給上帝。事實上，歐洲人並不信任蒙古人，這也就阻礙了聯盟的建立。

與此同時，尼古拉四世也不失時機地暗示景教信仰不純正，羅馬教廷對景教擁有「像慈母一樣」的絕對權威性，為了讓這些東方教徒「保持羅馬教會所遵守的純正信仰」，尼古拉四世在給雅伯拉哈三世（馬古思）的信中不厭其煩地闡釋教義。

帶着這些不合情理、令人失望的信件與禮物返回波斯的列班·掃馬於 1288 年 4 月離開羅馬經熱那亞順原路返回。在熱那亞，他向當地的紅衣主教抱怨：「我作為使節來接洽解放耶路撒冷之事。現在，整個一年已經過去了……我將要說什麼呢？在我回去後向蒙古人回答什麼呢？」

當年 9 月，列班·掃馬終於重歸波斯，這裏已經是他的第二故鄉。在晉見阿魯渾的時候，阿魯渾表示：「我使您太勞累了，因為您是位老人。此後我們不再讓您離開我們。我們要在宮外建一教堂，

您可在那裏領禮拜做祈禱。」於是，年老體衰的掃馬再也沒有機會回到故鄉。元朝似乎也已經將其忘記了，漢文史籍根本沒有記載他的歐洲之行。

但在地球的另一端，羅馬教廷卻不曾忘記掃馬所說的：「今天，許多蒙古人都成了基督徒，有些王公和王后都領洗並向基督告解。他們於駐牧地設有教堂。」懷着將天主教勢力擴張到遠東的野心，尼古拉四世於 1289 年派遣教士約翰‧孟特戈維諾取道絲綢之路來到中國。到達中國後，孟特戈維諾積極傳教。當時在大都衛成部隊中有 1 萬多名來自欽察草原的僱傭軍，在其積極活動下，其中竟有 6000 多人接受了天主教洗禮，成為上帝的信徒。鑒於他的優異表現，教皇正式任命他為漢八里（北京）和東方總主教。從此，中國的基督教開始在聶斯脫利派之外和羅馬教廷建立了聯繫。

這一時期，東西方世界通過絲綢之路進行了前所未有的直接交流，馬可‧波羅得知了釋迦牟尼這個名字，北京有了天主教總主教。（蒙古人）將環繞禁苑的牆垣吹倒，並將樹木連根拔起的風暴，卻將鮮花的種子從一個花園傳播到了另一個花園，這其中也有列班‧掃馬的一份貢獻。

1294 年 1 月 10 日，列班‧掃馬在祥和的氣氛中於報達辭世。對於景教而言，再也不會有這麼美好的時期了。一年以後，合贊繼承伊利汗位，改宗伊斯蘭教，他的大臣努魯茲下令摧毀景教教堂，沒收他們的財產，屠殺景教徒與猶太人。從歐洲返回波斯

後，列班‧掃馬曾用波斯文記載了他的出使經歷與見聞。但在合贊汗時期激進的伊斯蘭化過程中，他的遊記、出使報告、日記，以及書信全部散佚了。

列班‧掃馬，這位足可與馬可‧波羅、伊本‧白圖泰齊名的中世紀偉大旅行家，就這樣被歷史遺忘了數百年之久，但今天的人們，仍舊應該對這位第一個到達歐洲的中國使節心懷敬仰。

絲綢之路最早的史詩
張騫鑿空西域

中西交通中的匈奴

歐亞大陸的中部，北緯 45 度左右，從東到西橫亙着連綿不斷的高山，即興安嶺、陰山、祁連山、阿爾泰山 —— 天山 —— 崑崙山、興都庫什山、扎格羅斯山、高加索山、陶魯斯山、喀爾巴阡山。這一連串的高山組成了一條山鏈，又與其間的黑海、里海、咸海共同形成了一堵屏障，將歐亞大陸分成南、北兩個部分，這兩大塊區域的地理景觀是完全不同的。正是由於這樣的地理條件，在以農業與手工業為經濟基礎，以畜力為交通工具的古代世界，要從事和維繫跨越洲際、長達數千公里的遠距離貿易活動是相當困難的。

這條屏障雖然難以逾越，但未能阻止各地人們的交往。公元前989年，周穆王西征犬戎，俘五王，「自是荒服者不至」，打開了通往大西北之路。傳說周穆王曾向西巡狩，從中原出發，北渡黃河，出雁門關河套以北，然後向西經青海樂都、積石，再由柴達木盆地的西夏氏向西直抵崑崙山。戰國時期的《竹書紀年》記載：「穆王十七年西征崑崙丘，見西王母。」這個傳說反映了西周時期黃河流域和中亞的錫爾河上游地區在交通上已有一定的聯繫。當時向西去的道路有兩條，一條是由祁連山北經河西走廊入新疆、中亞；一條是由祁連山南經柴達木盆地入新疆、中亞。

在印度次大陸，公元前4世紀，古印度政治家考底利耶所著的《治國安邦術》中已提及中國的絲綢。公元前326年，亞歷山大東征至印度，其部將奈阿爾科斯在印度的旁遮普地區就親眼見到過又輕又軟的絹，他一度以為這是印度所產的一種樹皮製品。而在阿爾泰地區發現的公元前5世紀的貴族墓中，曾經出土中國絲織品，巴澤雷克5號墓出土有鳳凰圖案的刺繡和當地獨一無二的四輪馬車，車輛形制和刺繡風格都表明其來自中國。在這一地區公元前4世紀至前3世紀的墓葬中，還出土了有典型關中文化風格的秦式銅鏡。因此有學者據此推測，公元前7世紀至前2世紀間，橫貫歐亞大陸的交通線大體上是從中國內蒙古草原的河套附近向西北越過阿爾泰山，沿額爾齊斯河，穿過南西伯利亞草原，再往西，到達居住在黑海北岸的斯基泰人地區。但這些現象似乎並沒有進入中國古代史學

家的視野，原因也很簡單，中原與西域被匈奴分割開了。

匈奴擁有人類歷史上第一個草原帝國。在中原的秦漢之際，「冒頓（單于）得自強，控弦之士三十餘萬」。在短短數年之內，冒頓這位草原英雄不但成功地在各個匈奴部落之間實現了前所未有的統一，而且幾乎向所有方向擴展他的帝國。公元前177年，匈奴已成功地迫使張掖地區的月氏完全歸附於它，征服了從樓蘭（公元77年易名鄯善，羅布泊之西）到烏孫（位於塔里木盆地的伊犁河谷）的西域大多數國家。在阿爾泰山以南、天山以北的準噶爾盆地有烏孫、且彌、蒲類等國，這裏水草豐美，人們大都從事遊牧業。在天山以南和崑崙山以北有疏勒、龜茲、車師等國，稱北道諸國。在崑崙山以北大沙漠南沿有莎車、樓蘭等國，稱南道諸國。西域諸國「大率土著，有城郭田畜」，從種族上說，大體分為羌、氐、塞三類。當時的西域三十六國「各有君長，兵眾分弱，無所統一」；大國人口不過幾十萬，小國僅有幾千人。由於這些小國之間相距很遠，未能集合成一個強大的政治實體，因而也未能對匈奴進行任何有效的抵抗。

匈奴單于把西域地區分給日逐王統轄，其統治中心在今天的北疆，並設置了僮僕都尉統治南疆各族人民。從那時起，匈奴便可利用西域廣大的自然和人力資源。這個地區對草原帝國來說如此重要，以至於被稱為匈奴的「右臂」。天山南北麓和崑崙山北麓，自古是中亞、南亞和東亞間商業交通要道，匈奴人在其間設關卡，收商稅，護送旅客，擔保過山，都可以收到不少的報酬。

與此同時，由於匈奴遊牧經濟自身生產結構單一的局限，匈奴人無法獲得日常生活所需之物，因此匈奴人往往以牲畜、皮毛、乳製品等換取中原地區的鐵器、銅器、漆器、服飾和絲織品，甚至經常南下到漢帝國搶掠。當時漢朝的軍事實力無法與匈奴鐵騎抗衡，一方面為了防止匈奴南下，漢廷在長城各要塞關口長期派軍隊駐紮，嚴格控制漢人出塞經商；另一方面為了減少匈奴入塞搶掠，漢廷也不得不向匈奴輸送包括絲綢織品在內的大量財物，以作為和親的代價。司馬遷的《史記》曾經記錄下了匈奴方面對漢朝的「開價」：「其明年（前 95 年），單于遣使遺漢書云『南有大漢，北有強胡。胡者，天之驕子也，不為小禮以自煩。今欲與漢闛（開）大關，取漢女為妻，歲給遺我蘗酒萬石，稷米五千斛，雜繒萬匹，它如故約，則邊不相盜矣。」胃口實在是不小。

話說回來，在匈奴社會中，絲綢主要是用來滿足匈奴酋豪炫耀自身地位的慾望，而匈奴大小酋豪的數目很少，萬匹的絲織品遠遠超出了匈奴的消耗能力，匈奴勢必會剩下大量的絲綢。匈奴要想在人口極為缺少的情況下，維持對漢朝的軍事優勢，就只能強化其遊牧經濟。而絲綢幾乎對遊牧經濟毫無益處，那麼多餘的絲綢對於匈奴而言就等於毫無價值的「廢品」。漢文帝時期投降匈奴的宦官中行說就曾向單于建議，將來自漢地的絲織品放在棘草地上踐踏，以表明它們不如匈奴的裘皮耐久實用。在這種情況下，匈奴單于一再要求漢廷提供如此多的絲綢自然還有經濟目的，即將大量絲綢當成貿

易品，賣給西域諸國，從中獲利。大量的絲綢便通過善於經商的西域商人輾轉運到了西亞的波斯。換句話說，這條商路上所有的參與者都獲得了經濟利益，只有無償向匈奴提供絲綢等產品的漢朝成了實實在在的「冤大頭」。

漢武帝的大戰略

很顯然，和親政策代價高昂，其實只是一種消極的「納貢」，並不能解決匈奴對漢的根本性威脅。前 140 年，不滿 20 歲的漢武帝劉徹成為西漢王朝的最高統治者，他決心結束漢朝面對匈奴的屈辱地位。此時漢朝的國力因文帝、景帝兩代的休養生息達到了巔峰，由於政治安定，只要不遇水旱之災，百姓總是人給家足，倉廩堆滿了糧食。太倉裏的糧食陳陳相因，致腐爛而不可食，政府的庫房有餘財，京師的錢財有千百萬，連串錢的繩子都朽斷了。《史記》記載，當時的漢朝「眾庶街巷有馬，阡陌之間成群，而乘字牝者，儐而不得聚會，守閭閻者食粱肉」，一派繁榮景象。

在這種有利條件下，前 138 年，西漢王朝的對外政策發生了決定性的轉折，開疆拓土取代了韜光養晦。這一年，在南方，割據福建的閩越王發兵攻打溫州、台州一帶的東甌。東甌王抵擋不住，派使者到長安（今西安）求救。

武帝召集大臣商議。武安侯田蚡認為越人互相攻擊，習以為

常，又反覆多變，無法治理，秦朝因此放棄了這些地方，現在也無須前去援救。中大夫莊助表示反對，他說，秦朝放棄，漢朝卻不能放棄。秦朝連咸陽都放棄了，何況東甌。現在小國有難，向朝廷求救，如果不救，東甌還有什麼依靠，又怎麼對得起那裏的老百姓？武帝於是派遣莊助持節發會稽郡（今蘇州）兵救之。莊助率兵由海道進發。閩越王聞訊，即刻罷兵回歸。東甌王害怕閩越再來進犯，請求漢廷允許他們內遷。武帝表示同意，於是東甌王以下四萬餘人全部遷到江淮一帶地區，東甌全土也歸入漢帝國管轄，是為西漢建立以來領土的第一次擴大。

而在北方，雖然漢匈之間仍舊維持着脆弱而屈辱的和親關係，但漢武帝在醞釀着一個大戰略。也是在前 138 年，漢武帝從匈奴降人口中得知，大月氏原來生活在敦煌和祁連山間，後在匈奴的攻擊下被迫西遷，匈奴將大月氏王的頭割下，製成盛酒的容器。在烏孫的驅逐下，大月氏又遷至媯水（今中亞阿姆河）。大月氏恨透了匈奴，但因無人援助，無法報仇。漢武帝得知後，就產生了聯絡大月氏夾擊雙方共同的敵人匈奴的想法，下令招募出使大月氏的使者。

一位英雄就此登場。張騫以「郎官」的身份脫穎而出。他是漢中城固（今陝西城固）人，從小生長在漢江邊。他雖然只是一個普通的文官，卻懷有超凡膽識，期待為國效力。他身在朝廷官署，常常留心東南西北各地水文、地理和物產狀況。據史書記載，他「為人強力，寬大信人」，即堅韌不拔、心胸開闊，並能以信義待人。

漢武帝在未央宮大殿上召見張騫，聽取他對出使一事的看法，叮囑他此去道路艱險異常，而且塞外隨時會有匈奴人出沒，朝廷無法給予他多少保護。但堅強的意志和對未知世界的嚮往驅使張騫勇往直前，決心成就一番事業。於是，張騫作為大漢正使，帶着 100 多位隨從護衛和豐厚的禮物踏上了出使的旅程。

　　第二年，武帝建元二年（前 139 年），張騫從隴西（今甘肅臨洮）出發。一個歸順漢朝的胡人，堂邑氏的家奴堂邑父，自願充當張騫的向導和翻譯。他們西行進入河西走廊，這一地區自月氏人西遷後，已完全為匈奴人所控制。

　　正當張騫一行匆匆穿過河西走廊時，不幸碰上匈奴的騎兵隊，全部被抓獲。匈奴的右部諸王立即把張騫等人押送到匈奴王庭，見當時的軍臣單于（冒頓單于的孫子）。軍臣單于得知張騫欲出使月氏後，對張騫說：「月氏在吾北，漢何以得往使？吾欲使越，漢肯聽我乎？」這就是說，站在匈奴人的立場，無論如何也不容許漢使通過匈奴人的地區出使月氏。就像漢朝不會讓匈奴使者穿過漢區，到嶺南的南越國去一樣。張騫一行遂被匈奴扣留下來。張騫堅持不妥協、不合作，他密藏出使證明，始終持漢節不失。

　　當時的匈奴人不會煉鐵，不會修造房屋，因此張騫一行既無腳鐐手銬可戴，也無監牢可蹲。他們只是在匈奴兵的看守下，做着放羊、打草、拾牛糞、淘井等苦活。這並不是匈奴單于對漢使優待，而是當時匈奴人通行的法規。匈奴的法律規定：犯死罪的砍頭；犯

嚴重罪行的被處以「軋」刑（即在臉上刺字、挖去眼珠、砍去四肢、割去腳後筋等肉刑）；大量犯人是被罰為奴隸，賣給奴隸主，幹各種苦活；極個別的被丟到很深的土牢裏（往往是乾涸了的水井）。幾年後，軍臣單于為了軟化張騫，把一個匈奴女子給張騫做了妻子，並把他們和堂邑父等隨員都弄到靠近西域的西部給右賢王放羊。就這樣，張騫等人在匈奴居留了十年之久。至元光六年（前 129 年），匈奴人的監視漸漸鬆弛，一天，張騫趁匈奴人不備，果斷地帶領隨從逃出了匈奴王庭。

　　這次逃亡是十分危險和艱難的，幸運的是，在匈奴的十年留居，使張騫等人詳細了解了通往西域的道路，並學會了匈奴人的語言。他們穿上胡服，小心謹慎，較順利地穿過了匈奴人的控制區。艱難的則是繼續向西的路程。張騫等人經車師後沒有向西北伊犁河流域進發，而是折向西南，進入焉耆，再溯塔里木河西行，過庫車、疏勒等地，翻越蔥嶺，歷經數十日的跋涉。大戈壁灘上，飛沙走石，熱浪滾滾；蔥嶺高如屋脊，冰雪皚皚，寒風刺骨。沿途人煙稀少，水源奇缺，加之匆匆出逃，物資準備又不足。張騫一行風餐露宿，備嘗艱辛。乾糧吃盡了，全靠善於射箭的堂邑父射殺禽獸聊以充飢，不少隨從或因飢渴倒斃途中，或葬身黃沙、冰窟，獻出了生命。

世界史開幕第一人

　　長途跋涉之後，張騫終於抵達了大宛（今烏茲別克斯坦費爾幹納盆地），成為在可考的歷史裏第一個抵達中亞的中原人。對於這一壯舉，無論怎樣高度評價都不為過。司馬遷稱張騫是「鑿空西域」的人，而近代的梁啟超更是稱讚他「堅忍磊落奇男子，世界史開幕第一人」。

　　大宛王早已聽說漢朝十分富強，卻一直無法交往，對張騫的到來很歡迎。張騫說明出使的意圖，請大宛王將他們送往月氏，答應回漢朝後將給予厚禮報答。大宛王遂派向導和翻譯，將他們送至康居（今烏茲別克斯坦和塔吉克斯坦境內），又由康居送至月氏（今阿富汗北部）。不料，這時月氏人由於新的國土十分肥沃，物產豐富，並且距匈奴和烏孫很遠，敵寇襲擾的危險已大大減少而改變了態度。當張騫向他們提出建議時，他們已無意向匈奴復仇了。加之他們認為漢朝離月氏太遠，如果聯合攻擊匈奴，遇到危險恐難以相助。張騫等人在月氏逗留了一年多，但始終未能說服月氏人與漢朝聯盟，夾擊匈奴。在此期間，張騫曾越過媯水南下，抵達藍氏城（今阿富汗瓦齊拉巴德）。元朔元年（前 128 年），張騫動身返國。

　　歸途中，張騫為避開匈奴控制區，改變了行軍路線，計劃通過青海羌人地區，以免匈奴人的阻留。於是重越蔥嶺後，他們不走來時沿塔里木盆地北部的北道，而改行沿塔里木盆地南部，循崑崙山

北麓的南道。從莎車，經于闐（今和田）、鄯善（今若羌），進入羌人地區。但出乎他們的意料，羌人也已淪為匈奴的附庸，張騫等人再次被匈奴騎兵所俘，又被扣留了一年多。

雖然當時匈奴和漢朝之間已結束了和親關係，戰爭正在激烈進行中，但軍臣單于並沒有殺害他們，只是把他們當成人質分散看管起來。到了元朔三年（前126年）初，軍臣單于身死，其弟左谷蠡王伊稚斜自立為單于，進攻軍臣單于的太子于單。于單失敗逃漢。張騫便趁匈奴內亂之機，帶着自己的匈奴族妻子和堂邑父逃回長安。這是張騫第一次出使西域的全過程。從武帝建元二年（前139年）出發，至元朔三年（前126年）歸漢，共歷13年。出發時是100多人，回來時僅剩下張騫和堂邑父兩人。張騫這次遠征，僅就預定的出使西域的任務而論，是沒有完成的。因為他未能達到同大月氏建立聯盟，以夾攻匈奴的目的。但從其產生的實際影響和所起的歷史作用而言，無疑是很大的成功。他為漢朝提供了大量前所未聞的信息，也在西域傳播了漢朝的情況。司馬遷《史記‧大宛列傳》中有關西域的記載，就是根據張騫的見聞編寫的。漢武帝對張騫這次出使西域的成果非常滿意，特封張騫為太中大夫，授堂邑父為奉使君，以表彰他們立下的功績。

元狩四年（前119年），漢軍大舉進攻匈奴。名將衛青、霍去病分別出定襄、代郡，出塞兩千餘里，殲敵十餘萬，霍去病「封狼居胥」威震漠北，迫使匈奴王庭遠遷大漠以北。為了鞏固這前所未

有的勝利，揚威德於四海，張騫又向漢武帝提出招引烏孫人回河西故地的建議，他說：現在匈奴剛被我們擊敗，河西的渾邪王舊地空着，「蠻夷」都貪圖漢朝的財物，如果此時能夠花大錢籠絡烏孫，招引它東歸故地，與漢朝結為兄弟，它肯定樂意聽從，這樣就斷了匈奴的右臂；一旦與烏孫結盟，它西面的大夏等國就都可以招來當屬國。烏孫當時是西域大國，兵力多達 19 萬之眾，若能聯盟，將是漢朝最有力的盟友，故此武帝封張騫為中郎將，派他再次出使西域。張騫率領 300 人，每人備馬兩匹，攜帶上萬頭牛羊和價值數千萬的金幣、絲織品，還有多名副使隨行，準備在交通方便的情況下，分別出使周邊各國。

前 121 年，統率河西走廊的一個匈奴首領降漢，使漢朝獲得了整個河西走廊。這裏是匈奴重要的畜牧基地，走廊中段的焉支山出產的顏料是製作匈奴婦女的化妝品的原料。河西走廊的喪失引起匈奴人極大的哀傷，他們唱道：「亡我祁連山，使我六畜不蕃息；失我焉支山，使我婦女無顏色。」第二年，關東大水，漢武帝將 72 萬多災民遷至西北邊疆和河西走廊，以後陸續於其地設置武威（寓意武功軍威）、張掖（張漢朝之臂掖）、酒泉（地下有泉如酒之甘）和敦煌（寓意盛大輝煌）四郡，這是漢朝勢力伸展到西域的第一步。在河西走廊被漢軍控制的安全形勢下，張騫身着漢朝官服，率領規模龐大的使團，很順利地經敦煌到樓蘭，再經塔里木河西行至龜茲，最後到達烏孫（今伊犁河流域和伊塞克湖一帶）。不巧的是，當時正

值該國內亂，烏孫人不願與匈奴為敵，但願意與漢朝聯繫，於是派使者隨張騫於元鼎二年（前 115 年）回長安。張騫又派副使前往大宛、康居、大月氏等地，開始建立漢與天山南北以及中亞諸國的友好關係。

第二次從西域歸來之後，漢武帝封張騫為大行，位列九卿，名動天下。因為長期艱難奔波，張騫一病不起。前 114 年，這位「鑿空」西域的英雄病故，歸葬故鄉城固，與開國元老蕭何、樊噲等人墓葬共處一隅。陝西漢中市城固縣張騫紀念館門柱上有一副楹聯：「一使勝千軍，兩出惠萬年。」這是對張騫一生偉大功績的形象寫照。

暢通的絲路

公元前 139 和前 119 年，張騫兩次出使西域，開拓了一條連接中亞、西亞、南亞以及歐洲等地的交通大道，這條道路在我國古代對外友好交流史上發揮過巨大的作用。由於當時在這條路上輸出的物資中數量最多、最受歡迎的是絲織品，故歐洲的史學家把它稱為絲綢之路。

在連接中原與西域的河西走廊一帶，隨着被稱為「國之血脈」的郵驛系統在沿途建立，五里一郵，十里一亭，三十里一驛，保證了漢朝政治、軍事、商貿、文化活動的順利開展。漢與西域貿易之路暢通，使者相望於道，商旅不絕於途，來長安通商通使者「一輩

大者數百人，少者百餘人」，一年之中「使者多十餘輩，少者五六輩」，他們到不同的地方，「遠者八九歲，近者數歲而返」。河西地區成為商貿繁盛之地。商客往來，絡繹於途，所謂「殊方異物，四面而至」，「胡商販客，日款於塞下」，呈現出前所未有的興旺局面。西漢宣帝神爵二年（前 60 年），出於對匈奴不斷騷擾和絲綢之路上強盜橫行的狀況的考慮，漢朝設立西域都護府。這是中央王朝在蔥嶺以東，今巴爾喀什湖以南廣大地區正式設置行政機構的開端。西漢政府在西域設置常駐官員，派士卒屯田，設校尉統領保護，使漢人同西域少數民族的交往更加密切。以漢朝設立西域都護府為標誌，絲綢之路開始進入繁榮時代。

由於漢與西域諸國在經濟、文化上聯繫的加強，中原商人開始參與和西域諸國的交往，他們攜帶大批絲綢、銅鏡、漆器和其他商品，用駱駝或驢作運輸工具，跋涉於沙漠、堿灘、草原和峽谷之間，和西域各族人民進行商品交換。中原的絲織品作為西域人民最喜愛的商品，源源不斷輸入西域。1959 年，在樓蘭西境的民豐縣（古時稱精絕）發現東漢時的一組合葬墓，死者身上的衣冠服飾幾乎無一不是絲織品，織花和刺繡都很精緻，有一件錦袍上織有「萬年如意」字樣，一件雞鳴枕上織有「延年益壽宜子孫」的字樣及圖案，衣裳形制具有民族風格，看來是用內地輸入的絲織衣料在當地製作的。史書上更有記載，漢代的使臣和遠足的商人每到西域一國，無論公務還是經商，都必須攜帶足夠的絲織品，因為在那裏「非出幣

帛不得食，不市畜不得騎用，所以然者，遠漢而漢多財物，故必市乃得所欲」。從中原輸出至西域及中亞等地的貨物，除絲織品外，還有漆器、銅器、玉器和裝飾品等。在羅布泊、尼雅、焉耆、若羌等地的考古發掘中，發現有大批的隨葬物，其品種可分為兩類：一類有「君宜高官」的銅鏡和藤奩、木梳等，同所有的絲織物一樣，顯然是從內地運來的；另一類有弓、箭、木杯、木碗等，具有地方民族特色。凡此種種，都說明漢與西域在經濟上的交流是十分興盛的。

反過來，隨着絲綢之路的成功開闢，西域各族的毛紡織品、牲畜、皮毛、瓜果、蔬菜等陸續傳入內地，豐富了漢族人民的生活。最先傳入中國的農作物是葡萄和苜蓿。中國古代通稱的葡萄屬於歐洲葡萄，其原生地是黑海和地中海沿岸一帶，最初傳至埃及。大約5000～6000 年以前，歐洲葡萄在埃及、敘利亞、伊拉克、伊朗、南高加索以及中亞等地已開始栽培。中國內地引種葡萄始於西漢時期。

《史記·大宛列傳》和《漢書·西域傳》都有漢使從西域帶回葡萄種的記載。苜蓿，又名紫（花）苜蓿，系豆科多年生牧草，有「牧草之王」之稱，產量高，草質優良，多種畜禽均喜食，原產於伊朗高原，希波戰爭期間從中亞傳入希臘。漢代張騫通西域時，苜蓿開始傳入中國內地。《史記·大宛列傳》載，大宛「馬嗜苜蓿。漢使取其實來，於是天子始種苜蓿、蒲陶（即葡萄）肥饒地。及天馬多，外國使來眾，則離宮別觀旁盡種葡萄、苜蓿極望」。

西域盛產良馬，《漢書·西域傳》說烏孫「國多馬，富人至

四五千匹」。張騫第二次出使西域回到長安時帶回幾十匹烏孫的好馬，武帝十分喜愛，命名為「天馬」。不久更優良的大宛汗血馬傳入內地，漢武帝把烏孫馬更名為「西極馬」，把汗血馬稱為「天馬」。西域良馬的傳入壯大了漢朝的軍事力量。當時由西域輸入內地之貨物還有寶石、藥劑、香料之類。「不是張騫通西域，安得佳種自西來？」這一膾炙人口的詩句正是張騫通西域後西域物產傳入內地的真實寫照。

這些西域傳來的物產使漢武帝新奇不已，興奮不已。他下令在都城長安以西的上林苑修建一座別致的離宮，離宮門前聳立着按安息獅模樣雕成的石獅，宮內排列着畫有印度孔雀開屏的畫屏，點燃着西域香料，擺設着千塗國的水晶盤和安息的鴕鳥蛋。離宮不遠，栽種着由大宛引進的苜蓿和葡萄。上林苑裏還喂養着西域獅子、孔雀、大象、駱駝、汗血馬等珍禽異獸，完全是一派異國風光。可以說，正是張騫出使西域，給西漢時期中國人的想象維度上鑿出了一個孔洞，從這個孔洞裏，他們看到了從來就不曾想過，更不曾見過的東西 —— 這就是異域的物產和文明。太史公以其獨到的眼光認識到這一收穫的價值，於是在《史記》中詳細地記載了當時中國人所認識到的世界。從此，記載國人所能認識到的世界文化就成為中國史家的一項傳統。此後，中國人撰寫的世界國別史 ——《西域傳》或《四夷傳》，在中國的正史系統中就有了永遠的位置，而張騫本人也因其「鑿空」的偉大成就被永久載入史冊。

第一個到達非洲的中國人
「俘虜旅行家」杜環

怛羅斯之戰的俘虜

在今天的哈薩克斯坦與吉爾吉斯斯坦的交界處，有一條古老的河流由東向西北方向橫穿而過，這便是塔拉斯河（Talas River）。這條全長不過 500 多公里的小河似乎顯得有些微不足道，在一般的中亞地圖上，人們甚至很難找到它的身影。在河谷中游左岸的平原地帶，坐落着一座以它的名字命名、擁有 2000 多年歷史的古城 —— 塔拉斯（唐譯「怛羅斯」）。唐玄宗天寶十年（751 年），這裏發生了一場亙古未有的戰爭，在怛羅斯戰場上對峙的兩支軍隊服飾迥異，語言不通，武器裝備亦大不相同。交戰一方為鎮守西域的

高仙芝率領的唐軍，另一方是將領齊雅德統率的大食（即阿拉伯帝國，唐譯「大食」，來自波斯語 Tazik，今作「塔吉克」）軍隊。由高仙芝率領的唐軍與對手苦戰了五日之久，不分勝負。但到了第五天傍晚，災難突然發生了，唐朝的盟軍葛邏祿（一個中亞部落）部隊突然叛變，從東北方向高仙芝軍隊的後方發動了襲擊。大食軍隊趁唐軍陣腳已亂之機，以重騎兵突擊唐軍陣線中央，致使唐軍全線潰敗，損失慘重，陣亡和被俘各約一半，只有數千人在高仙芝率領下得以全身而退，退回到安西都護府的駐地。

這就是歷史上的怛羅斯之戰。實際上，在怛羅斯與唐軍發生衝突的並不是大食哈里發朝廷派遣的遠征軍，而只是一支邊疆守軍。當時的阿拔斯王朝（因王朝尚黑色，被唐朝稱為「黑衣大食」）正忙於解決內政，而後又跟宿敵拜占庭（東羅馬）帝國開戰，並未留意到遙遠的東部邊疆有什麼戰爭發生。因此，這次戰役完全沒有影響阿拉伯帝國與大唐的關係。怛羅斯之戰過後第二年，黑衣大食即遣使來華，這也是阿拉伯帝國阿拔斯王朝正式與中國通好之始。僅在 753 年一年裏，3 月、4 月、7 月和 12 月，阿拔斯王朝使節就四次進入長安。根據日本方面的史料記載：753 年的元旦，在蓬萊宮，大食使節於東排首席向玄宗皇帝致賀，吐蕃使節居西排第二位，日本使節緊挨在大食使節之後。以此也可以想見，長安朝廷對於西方的大食的態度也是非常友好的，已經過去了的怛羅斯之戰只是交往中的一個小插曲罷了。

怛羅斯之戰就這樣結束了，但另一段傳奇才剛剛開始。此役使萬餘名中國官兵被黑衣大食軍俘去，其中有一位隨軍書記官，名叫杜環。他在歷史上的名聲並不算大，新舊《唐書》都沒有他的傳記，以致他的生卒年月亦不詳。大致而言，他生活在唐朝玄、肅、代、德宗四朝（712—805 年）。實際上，他是京兆萬年縣（今西安）人，出身於一個顯赫的家族 —— 人稱「關中郡姓」中的六大首望姓氏之一，被譽為「中華高族」「三輔著姓」的京兆杜氏，他的族叔，是擔任過大唐宰相的杜佑（735—812 年）。

　　杜佑不但是一位政治家，而且是一位優秀的史學家。他所編撰的《通典》成書於唐貞元十七年（801 年），記述了遠古黃帝時期至唐朝天寶末年的制度沿革，分為食貨、選舉、職官、禮、樂、兵、刑法、州郡、邊防九典，是中國歷史上第一部記述歷代典章制度的典志體史書。正是在《通典》之中，杜佑記錄了作為族侄的杜環隨軍西征的事情 —— 751 年初夏，唐朝安西節度使高仙芝徵召安西各鎮軍隊主力向怛羅斯進發。這次出征相當引人注目，因此不僅《通典》裏有載，據郭沫若考證出生在碎葉城（位於今吉爾吉斯斯坦楚河州托克馬克市西南）的大詩人李白就以「漢家兵馬乘北風，鼓行向西破犬戎」的豪邁詩句為從征的族弟李縚壯行。而作為安西都護府下的一名幕僚，著名邊塞詩人岑參在大軍臨行前也賦詩「都護新出師，五月發軍裝。甲兵二百萬，錯落黃金光」，極言唐朝軍容之勝。

然而，唐軍在怛羅斯戰敗，杜環也淪為俘虜。幸好他受到了大食方面的禮遇，先是被帶至康國（撒馬爾罕），再到阿拔斯王朝首都亞俱羅（Akula，即庫法），後又隨哈里發使團考察非洲，先後在中亞、西亞、非洲十餘國遊歷和生活，總計流離大食12年，遍遊黑衣大食全境，最後於762年「因賈商船舶自廣州而回」，也就是乘坐中國的商船從海路回到了唐朝的南方重鎮廣州。回國之後，他將十餘年間在異域的生活經歷著成《經行記》一書，此書成為研究中國與西方文化交流的重要文獻和研究中世紀中亞、西亞、北非風物情貌的地理著作，足以與稍早時另一位傑出的旅行家玄奘的《大唐西域記》相提並論。

沿着絲綢之路西行

中亞是世界上距離大海最為遙遠的區域。它在地理上最顯著的特徵是幾乎完全隔絕了來自海洋的影響，這一特徵使中亞降水量稀少，大部分地區非常乾燥，有大片浩瀚的沙漠和草原。沿着錫爾河與天山一線，中亞北部地區雖然有部分地區乾旱，但大部分地區相對比較濕潤，從而提供了廣袤的牧場供遊牧民族生活。而這一線的南部地區卻異常乾燥，大部分地區都是沙漠，這裏的居民大多被限制在綠洲和大河流域。

中亞地區另一顯著特徵是高山林立，帕米爾山脈、天山山脈、

阿爾泰山脈、厄爾布爾士山脈等的海拔都在 4000 米以上。在這些大山脈之間又分佈着一系列較小的山脈，這些山脈環抱着一些河谷。一條東北 —— 西南走向的山鏈又將中亞劈為兩半。獨特的自然地理條件把中亞大地分割成一些獨立的綠洲與谷地，相互間或有終年積雪的高山，或有乾旱不毛的沙漠戈壁隔開，在中世紀的條件下，穿越其中非常困難。

中亞最重要的兩條河流是阿姆河與錫爾河，兩者注入鹹海，將中亞西部分為幾個地理區域。阿姆河（漢籍古稱「烏滸水」）以南，向西南一直延伸到伊朗卡維爾鹽漠，歷史上稱為呼羅珊，大致相當於今伊朗東北部、土庫曼斯坦地區。呼羅珊地區的主要城市有內沙布爾、圖斯、木鹿等。而錫爾河（漢籍古稱「藥殺水」）和阿姆河中游之間的地區稱為「河中」（以日後西遼在這裏建立河中府而得名），相當於烏茲別克斯坦大部、哈薩克斯坦南部和塔吉克斯坦西北部草原地帶，布哈拉、撒馬爾罕和玉龍傑赤是這裏的著名城市。

與中原不同，地中海世界學者對於中亞的認知非常早，波斯帝國從伊朗高原向東擴張，將疆界一直推進到錫爾河，而稍後馬其頓亞歷山大大帝東征後，也基本沿襲了波斯帝國在中亞的疆域。因此，古希臘時期的地理書就將河中地區稱為「烏滸河外地」（Transoxiane）。據希臘學者解釋，該地包括阿姆河與錫爾河之間的全部地區，波斯地理學者所稱「索格底安那」（粟特）則只限於阿姆河以北的澤拉夫善河流域。而在經過波斯帝國的長期統治之後，古

代中亞帶有鮮明的波斯文化特徵，西方學者乾脆徑直將其稱為「東伊朗」。屬於伊朗語族東伊朗語支的粟特語曾經是中亞的通用語，在新疆的吐魯番綠洲也作為商業和文學語言廣泛使用，甚至曾是中心位於鄂爾渾河地區的第一突厥汗國的官方語言。雖然粟特語今天已經消亡，但其對後世的影響仍然存在。粟特字母源自西亞的阿拉米語，日後被用來拼寫古突厥文（畏兀兒文）；而畏兀兒字母又在13世紀被用來作為創製蒙古文字母的範本；至於蒙古文本身，又是17世紀努爾哈赤下令創製的滿文字母的原形。這恰是一個縮影，體現出中亞在東西方之間的橋樑作用。

這一橋樑的作用在絲綢之路開通後變得日益突出：漢地商人從長安（或者洛陽）出發，經過河西走廊，穿越西域並跨越蔥嶺後繼續西行，便進入了粟特人居住的河中地區；這裏乃是歐亞大陸東西貿易的重要地段，地勢平坦並有很多綠洲，有最古老的綠洲城市，系索格底安那與波斯地區之間的貿易中轉站；而從河中地區的名城撒馬爾罕向西南行，出卡拉庫姆沙漠便到達了呼羅珊最東部的城市木鹿（今土庫曼斯坦馬雷市），經由此地繼續向西穿越伊朗高原便可直抵「新羅馬」君士坦丁堡，地中海世界與中國被連接在一起。

被俘的杜環正是沿着這條絲綢之路從康國到達了大食的東方軍事大本營，呼羅珊駐軍司令部所在地木鹿城（杜環寫為「末祿」），包括杜環在內的唐人也被收編進大食的呼羅珊部隊。沿途之中，杜環注意到拔汗那國（費爾幹納盆地）「從此國至西海，盡居土室，衣

羊皮、疊布，男子婦人皆着靴。婦人不飾鉛粉，以青黛塗眼而已」，人們穿羊皮製的衣服，大多居住在土房裏，婦女們不愛打扮，這在一定程度上還反映出了當地的畜牧業發展情況。杜環在木鹿居住了數年，故對它的觀察，對這裏居民的了解是相當具體的。他看到，這裏的城壘異常堅固，城門是鐵的，城裏有鹽池，可供軍民食用。城郊方圓幾百里之外乃是一片沙漠。城市雖然被流沙包圍，但林木繁茂，村寨連延，人口稠密。這是由於城外有一條大河 —— 阿姆河流過。人們挖溝渠、引河水，灌溉城周圍的農田，因此這裏土質肥沃，農產品豐富。《經行記》裏記載：「果有紅桃、白柰、遏白、黃李。瓜大者名尋支，十餘人飡一顆輒足。越瓜長四尺以上。菜有蔓菁、蘿蔔、長葱……又有黃牛、野馬、水鴨、石雞。」可以想見，杜環在此生活應足無虞。

唐人眼中的阿拉伯帝國

757 年左右，由於黑衣大食內部政局的變化，呼羅珊邊防軍被調入內地，杜環由此也得以進入阿拉伯帝國的腹地 —— 兩河流域。「從此（末祿）至西海（地中海）以來，大食、波斯參雜居止。」杜環注意到，阿拉伯人吃的水果有巴旦杏、椰棗、葡萄等，葡萄的品種優良，粒兒特別大，有的大如雞蛋；阿拉伯地區種有大量的橄欖樹，果實的形狀如中國的大棗，橄欖可以榨油，還可藥用，食用橄

欖可除瘴氣；最受歡迎的農產品是婦女美容用的素馨花油。而杜環在庫法城時更是發現當地已有來自中國的綾絹機杼，有紡織的綾（薄而有花紋的高級絲織品，與緞子近似）和絹（生絲織成的綢，比綢稍密而軟）。

他還目睹一些唐朝工匠（金銀匠、畫匠及紡織技術人員）在當地工作，例如「漢匠起作畫者」京兆（今陝西西安）人樊淑、劉泚，「織絡者」河東（今山西西南部）人樂陵、呂禮，這些絲綢的製作工匠正是與絲綢本身一樣，沿着絲綢之路到達這裏。

毫無疑問，當時的阿拉伯帝國對唐人而言是個完全陌生的社會，為此杜環在《經行記》裏特地記載了「大食法」「尋尋法」和「大秦法」這三個在當時阿拉伯世界流行的宗教。歷史學家白壽彝曾經把《經行記》中對伊斯蘭教的記敘與中國造紙術的西行並列為怛羅斯之戰的「兩種影響」。他說：「（杜環對）伊斯蘭教義有相當正確的知識，他把他所知道的教義記在《經行記》裏，遂成了伊斯蘭教義之最早的中文記錄。」

「大食法」也就是伊斯蘭教。杜環在《經行記》裏記載道：「一日五時禮天。食肉作齋，以殺生為功德。系銀帶，佩銀刀。斷飲酒，禁音樂。人相爭者，不至毆擊。又有禮堂，容數萬人。每七日，王出禮拜，登高座為眾說法，曰：『人生甚難，天道不易。奸非劫竊，細行謾言，安己危人，欺貧虐賤，有一於此，罪莫大焉。凡有征戰，為敵所戮，必得生天。殺其敵人，獲福無量。』」「其大食

法者，以弟子親戚而作判典，縱有微過，不至相累。不食豬、狗、驢、馬等肉，不拜國王、父母之尊，不信鬼神，祀天（真主）而已。」今天看來，這些文字第一次生動而準確地描寫了伊斯蘭教的文化，而「女子出門，必擁蔽其面，無問貴賤」，更是真實地描述了阿拉伯世界的標誌性風情。當時正是哈里發國家「率土稟化，從之如流」的興盛時期，大食國內「四方輻輳，萬貨豐賤。錦繡珠貝，滿於市肆。駝馬驢騾，充於街巷。刻石蜜為盧舍，有似中國寶輿」的繁榮富庶也給杜環留下了深刻印象。而且杜環的這些記敍完全是他親自所見，沒有虛構的成分。可歎史載大食使者來長安甚多，唐朝卻從沒有派遣使者到達過阿拉伯半島。真正身歷這個當世大國，並且留下記載的唐人，恐怕就只有杜環這個怛羅斯之戰的俘虜了。

「大食法」之外，杜環所寫的「尋尋法」即祆教（拜火教），是原波斯帝國的國教。「尋尋」即唐譯「zemzem」，是阿拉伯人對祆教徒的稱呼，意為「私語之人」，康國就「有神祠名祆」。祆教近親通婚、納姊妹為妻的習俗被儒家文化背景的杜環視為奇風異俗，稱之為「尋尋蒸報，於諸夷狄中最甚」。至於《經行記》中記載的另一個宗教「大秦法」，指的就是基督教。給杜環印象最深的是「肥沃新月地帶」（埃及、敍利亞一帶）的基督教醫生最善於治療眼病和痢疾，對許多病都有預防的辦法，而腦外科手術尤其驚人。當時阿拉伯的醫學中心在埃及和敍利亞，基督教醫生主宰着阿拉伯醫術，杜環稱他們是「大秦醫生」，他在《經行記》裏這樣寫道：「其大秦，善醫

眼及痢，或未病先見，或開腦出蟲。」這也反映了當時地中海地區
醫術之高明。

實際上，杜環的足跡所到之處，已經跟信仰「大秦法」的「拂
菻」（東羅馬／拜占庭帝國，一說「拂菻」即希臘語中其都城 Bolin
的唐譯）接近了，這些地方的文化中，或多或少也沾染了拂菻的文
化氣息。當時大食和拂菻征戰連年，大食一定會有拂菻戰俘，而且
很有可能和杜環有所接觸。因此杜環對拜占庭帝國的大體情況了解
得很清楚，知道它的「王城（即君士坦丁堡）方八十里，四面境土
各數千里，勝兵約有百萬，常與大食相禦。西枕西海，南枕南海，
北接可薩突厥」。至於《經行記》裏記錄的拂菻國：「亦曰大秦。其
人顏色紅白，男子悉着素衣，婦人皆服珠錦。好飲酒，尚乾餅……
其俗每七日一假，不買賣，不出納，唯飲酒謔浪終日」如實記載了
拜占庭帝國人民膚色白裏透紅，男人穿單色衣服，婦女愛好服飾，
喜歡喝酒，吃麵包，每七天有一天（禮拜天）休息娛樂的實際情況。

踏上非洲的土地

雖然杜環未曾進入拜占庭帝國，從而與歐洲大地失之交臂，但
他卻是歷史上可考的第一個到達過非洲的中國人。根據《經行記》
的記載，杜環一共到過拔汗那國、康國、拂菻國、摩鄰國、波斯
國、石國（今烏茲別克塔什干）、碎葉國、大食國、末祿國以及苦國

（今敍利亞）這些地方。其中的「摩鄰國，在勃薩羅國西南，渡大磧，行二千里至其國，其人黑，其俗獷，少米麥，無草木，馬食乾魚，人餐鶻莽。鶻莽即波斯棗也。瘴癘特甚」。

這個「摩鄰國」究竟在哪裏？由於可考資料稀少，長期以來一直是爭論不休的話題。筆者認為比較靠譜的一種說法是，「摩鄰」即阿拉伯語「馬格里布」（意為日落之地）的唐代譯音，因此「摩鄰國」就是今天的摩洛哥一帶。杜環是從巴士拉（即勃薩羅）出發，經過蘇伊士地峽到達埃及，隨後跨越撒哈拉沙漠到達地中海濱的摩洛哥。在同時代的阿拉伯旅行家筆下，這條道路既有「荒無人煙的沙漠」，也有「沙石遍佈的荒野，或怪石嶙峋的高地」。這條路上雖然「少米麥」，但「椰棗林立」的地方不少，椰棗產地「實際上包括（自西向東）一條展開的大腹帶」，恰與杜環的說法相合。而在地理上，整個北非，農業灌溉基本依賴深井之水。除了綠洲外，可耕植之田畝僅局限於地中海畔。尤其是利比亞，基本是沒有河流的。地中海卻以產沙丁魚、海青魚為盛，杜環講的「馬食乾魚」之情形，也只能靠地中海邊的漁人捕撈。

杜環所到的 8 世紀的摩洛哥，被阿拉伯人征服的時間尚不足百年，因此當地在人種上的阿拉伯化是幾乎不存在或是不明顯的。那裏是柏柏爾人、黑人的家園，尤其是在廣大的村鎮，那裏人的膚色是黝黑的。比較大的海港城市裏才住有白色皮膚的羅馬人。即使今天，北非的一些阿拉伯人（如蘇丹總統巴希爾與埃及前總統薩達特）

的膚色也比敘利亞的阿拉伯人要黑得多，這同千餘年來異族通婚有關。因此，才有杜環「其人黑」的說法。

除「摩洛哥說」之外，亦有人考證「摩鄰國」坐落在今天紅海西岸的厄立特里亞、埃塞俄比亞、肯尼亞，甚至位於西非腹地的馬里共和國。雖迄今仍然未有定論，但有一點是肯定的，即位於非洲大陸。在杜環之前，中國還沒有任何對非洲有所描述的書籍出現，足見杜環實現了前無古人的偉大成就。

作為唐朝的一位名不見經傳的隨軍小吏，杜環在被俘後跋涉數萬里，遊歷阿拉伯世界十餘個國家，成為 8 世紀中葉中國著名的旅行家。他是有史可考的第一個到達非洲的中國人。他的《經行記》是記載中亞、西亞乃至非洲的珍貴的第一手歷史資料，為後世學者研究中亞、西亞的地理形勢、物產風俗、宗教信仰等諸方面提供了便利，也進一步促進了中西文化的交流。可惜的是，《經行記》原書早已散佚，沒能保留下來。我們所能看到的，是杜佑在自己的著作《通典》中摘引的片段，凡 1511 字。唐史專家岑仲勉先生說過：「杜君卿（佑）與環既同族，不將《經行記》全部納入《西戎典》，而使人莫窺全豹，是亦天壤間一恨事。」由於杜佑撰寫《通典》的資料浩繁，僅憑一人之力難以也無必要將該書全部引用，恰如杜佑解釋「今之所纂，其小國無異聞者，則不暇錄焉」。

儘管如此，杜環的人生經歷和他編撰的《經行記》見證了中西文化交流，尤其是紡織、造紙術等中華文明對阿拉伯國家甚至世界

文明的巨大貢獻，已經在不知不覺間創造了歷史。作為第一個輾轉西亞並踏足非洲的中國人，他的遊歷人生直到今天仍能讓人感覺到其偉大之處。

第四章

萬里千年

落花踏盡遊何處？笑入胡姬酒肆中
大唐盛世的異域風情

絲綢之路的黃金時代

　　唐代是中國歷史上絲綢之路貿易的鼎盛時期。同樣可以說，唐代是中國封建王朝中經營西域和絲綢之路用力最勤的朝代。隋唐之際，「當此時，四夷侵，中國微，而突厥最強，控弦者號百萬」。強大的突厥鐵騎連年不斷入掠黃河以南五原、榆林地，寇抄河北，至於汾州、靈州、原州、潞州、幽州、朔州、并州。武德九年（626年），突厥可汗親率兵十餘萬騎進寇武功、高陵、涇陽。京城戒嚴，人心浮動。突厥鐵騎與李世民所率唐軍夾渭橋對峙，大有顛覆唐朝之勢。

對於這個巨大的威脅，唐廷斷然以武力應對。629—630 年，唐太宗派并州都督徐世勣為通漢道行軍總管、兵部尚書李靖為定襄道行軍總管，率大軍十餘萬大破東突厥；唐高宗顯慶二年（657 年），唐軍又徹底消滅了西突厥的勢力。在此之間，貞觀九年（635 年），唐朝派李靖、侯君集、李道宗、李大亮統率大軍進軍西海道，消滅了吐谷渾王伏允的主力，立其子伏順為西平郡王後，吐谷渾的威脅始告結束。唐朝行軍直至西域南道的且末、于闐，路途兩千餘里，徹底拓通了由青海至西域南道的絲綢古道──青海路。經過唐初數十年的經營，絲綢之路重又暢通無阻。商人由長安或洛陽出發，經過中國西部地區（包括西北、西南）可以通向中亞、西亞、南亞和東羅馬（拜占庭）帝國等廣大區域。唐三彩中有許多駱駝造型，其中有中亞種的雙峰駝，也有阿拉伯種的單峰駝。這些駱駝，有的仰天長鳴，有的伏地休息，有的馱着絲綢，有的載着樂隊，生動地再現了絲綢之路上的繁榮景象。唐代詩人張籍有一首《涼州詞》，描繪了絲路上一支商隊將貨物運往西方的景象，「邊城暮雨雁飛低，蘆筍初生漸欲齊。無數鈴聲遙過磧，應馱白練到安西」。

商路既開，胡商絡繹不絕，粟特人就是其中典型的一支。唐代漢文史籍將粟特人稱為「昭武九姓」，分別為康國、安國、曹國、石國、米國、何國、史國、火尋、戊地等。其中的康國在唐初與中原貿易良馬，一次輸入的良馬就達 4000 多匹。而由「安國統之」的畢國號稱「商都」，商人主要從事絲路貿易，遂致巨富。706 年，阿拉

伯大軍橫掃中亞，畢國滅亡。時在中原的畢國富商返回，竟能以巨額贖金贖回親人，復興祖國。來到中國的粟特人以國名為姓，如康國人姓康，曹國人姓曹。他們本來的活動範圍在今中亞阿姆河與錫爾河之間，利用地處歐亞陸上交通樞紐的地理優勢，積極從事貿易活動，活躍在繁華的絲綢之路上。

以經商著稱的粟特人，史書對其描述為「善商賈，好利，丈夫年二十，去傍國，利所在無不至」。這就是説，兒童五歲開始讀書，如讀不進去，就開始學習商業知識，到了二十歲就去他國謀取商業利益，「爭分銖之利」，有着「東方腓尼基人」的稱號。他們在絲綢之路上由西向東興販寶石、香料，同時也以長安、武威等中原城市為基地，由東向西運販金銀、絲絹。敦煌長城烽燧下發現的一組粟特語古信劄，就給了我們最好的證明：一批來自康國撒馬爾罕的粟特商人，以河西武威作為經商的大本營，首領薩保派一批批商人率隊前往鄴城（安陽）、洛陽、金城（蘭州）、酒泉、敦煌，可能還有樓蘭、于闐（和田），貿易貨物，用貴金屬、香料、藥材，換去絲綢等中國產品。

粟特商隊有一整套經營方式，他們集體行動，動輒一二百人，由商隊首領統率，從粟特本土向外經營貿易。在經行的絲路城鎮中建立自己的聚落，一批人留下來，另一批人繼續前進，而且不斷有粟特商隊前來補給。於是在絲路沿線，逐漸形成一連串的粟特聚落，成為他們倒賣商品、儲存貨物、休整居住的地方。一些人原本

是粟特商隊的首領，一旦在聚落中定居下來，就成為聚落的首領。就這樣，這些胡商先在中亞本土與中國河西走廊之間建立了聯繫，然後通過河西走廊進入中國內地。他們的活動不斷深入，經商範圍遍及河西及黃河中游地區，商品轉運站主要有今天的新疆吐魯番，甘肅敦煌、武威、酒泉、蘭州，寧夏固原、靈武，陝西西安，河南洛陽，河北臨漳等地，並以這些轉運站為網點，逐漸形成商貿集散地，最終形成唐朝境內的胡人聚落。

胡人在中原

唐朝的強盛吸引了大量粟特人入華貿易、居住，在中原經商的粟特人要受到唐朝政府的統轄。從吐魯番阿斯塔那墓葬出土的文書可知，胡商想要到內地販易，並不是想去就去，而是需要辦理嚴格的手續，還要請「保人」作擔保，即胡商要往內地貿易須持有唐朝關防官吏發放的過所。

長安作為唐帝國的政治、經濟、文化中心，自然吸引着四面八方的異邦人士不斷前來，流連其間，並逐漸定居下來。入唐以後，長安成為粟特商人集中的地方，也是粟特來華使臣、質子，以及隨突厥投降的部落首領、子弟定居之地，加上前來傳播佛教、景教、摩尼教的僧徒信士，長安成為粟特人在華最重要的聚集地之一。長安的東西兩市是繁榮的商業區，東市有二百二十個行業，邸（貨

棧）、肆（店舖）鱗次櫛比，「四方珍奇，皆所積集」。西市的繁華情況，與東市不相上下，在這裏居住有很多西域胡商，還有回紇、大食、波斯的商人。胡商經營的店舖有二百餘家，有各種形式的珠寶店、酒店、飲食店、旅店、雜貨店等。唐朝後期，西市的繁榮程度超過了東市，店肆、行業遠遠比東市多，還有收購各種寶物的胡商和波斯邸。

京城之外的唐代各大都會中，也都雲集着不計其數的胡商。唐代洛陽城亦雲集着為數眾多的胡商，其中尤以西域胡商為最多。胡商大多信奉祆教、景教，因此在胡商聚居地區出現了許多祠廟。在洛陽，僅祆教祠廟就有四所，分別位於會節坊、立德坊、南市和西坊。揚州胡商之多也十分驚人，唐肅宗時，田神功討伐劉展之亂，遂使揚州「大食、波斯賈胡死者數千人」，此次事件中，僅大食、波斯商人死者就達數千人，足見揚州胡商之多。據載，有不少胡商在揚州開設了「胡店」，經營珠寶等各種生意。唐代胡商足跡幾乎遍及全國，其人數之眾前所未有。

在唐代筆記小說中，多處都對胡商的富有、誠實可靠、重信守義的行為予以褒揚。如《紀聞・郗鑒》載：「天寶五載，行過魏郡，舍於逆旅。逆旅有客焉，自駕一驢，市藥數十斤，皆養生辟穀之物也，而其藥有難求未備者，日日於市邸謁胡商覓之。」可見胡商雖然經營的是藥材，也因其藥品種類齊全而備受唐人關注，唐人常常主動找尋購買。唐人沈既濟《任氏傳》記載，鄭生憩息於「胡人鬻

餅之舍」，這名鬻餅胡商天沒亮就起床幹活，「張燈熾爐」，相當勤快，也體現了對胡商勤懇經營的肯定和讚揚。

粟特人雖以經商擅長，但也有許多從事着其他職業。唐時有大批粟特人進入宮廷，擔任宿衛和儀仗之職。這些服務於皇室、貴族階層的粟特人，既有隨貢物同來的，也有久居漢地的。居住於中原的粟特人在胡漢交融中被逐漸漢化，在衣食、禮儀、風俗等方面勢必受到漢族的強烈影響，並將這些風俗習慣等帶回本民族。考之於史籍，胡商着漢服，娶漢族女子為妻妾，崇尚漢人習俗者，屢見不鮮。

不過即便如此，當時粟特人的胡人特徵還是非常明顯的。大名鼎鼎的安祿山就是其中一個典型。「安祿山，營州雜種胡也，小名軋犖山。」他的小名「軋犖山」一詞原是神名，因其母阿史德氏向該神祈禱後產下一子，故取之作為安氏最初之名，在粟特語中的意思就是「光明、明亮」。安祿山甚至在每次與皇帝相處的過程中，都強調自己的胡人身份，譬如很有名的只拜楊貴妃而不拜唐明皇的事例（所謂「臣胡家，只知有母，不知有父故也」）。至於玄宗對安祿山的寬容，可能代表了一般人對胡人無知與懵懂的成見，認為胡人是化外之人，不懂漢人的政治文化，他們只會領軍打仗、赤膽忠心，不會對政權構成威脅。安祿山如此標榜自己的胡人身份，不只是他的個人行為，其他蕃將也經常以這種套話來「表明心跡」。如史憲誠自稱「憲誠蕃人，猶狗也。唯能識主，雖被棒打，終不忍離」。

安祿山不僅以強調自己的胡人身份使得玄宗放鬆戒備，也以此來籠絡其他胡人，積蓄力量。《安祿山事跡》一書裏記載玄宗使高力士化解他與哥舒翰的矛盾：「至是，忽謂翰曰：我父是胡，母是突厥；爾父是突厥，母是胡。與公族類同，何不相親乎？」面對宿敵，他依然想以胡人的身份來消弭仇怨，達成政治同盟。

長安的「胡風」

另一方面，在胡人逐漸漢化的同時，胡人的生活習俗也影響着中原社會，大量周邊民族和域外人士入居長安，給長安帶來異域的風尚。

唐人在服飾方面喜歡模仿異域人，波斯、吐火羅、突厥、吐谷渾和吐蕃的服裝都是唐人模仿的對象，而以中亞和波斯服裝最為流行。唐俑中折襟胡服的男像即着波斯裝。早在貞觀年間，長安漢人就習慣戴胡帽，僅憑是否戴帽已經無法區分漢人和胡人。盛唐時，胡服終成時尚的寵兒，「天寶初，貴遊士庶好衣胡服，為豹皮帽……衣之制度，衿袖窄小」。

襆頭和胡帽是唐代服裝受「胡風」影響的典型代表。襆頭產生於鮮卑族所建的北周，北周武帝改進了本族的帽子，將全幅的布帛裁出腳，用來包裹髮髻，經過隋代的發展、定形，至唐五代時期更是盛行，成為男子常服組合中不可或缺的一部分。襆頭的佩戴方式

和形式隨着它的逐漸流行也經歷了一個發展過程：最初直接裹在髮髻上，所以比較低平；隋末唐初，桐木或絲麻製作的「巾子」開始出現，並成為確定襆頭頂部造型的定形物。巾子的使用使襆頭的形式有了很大變化，髮髻上先罩以巾子，再裹上襆頭，巾子的形制不同，襆頭的樣式也有相應變化。盛唐時襆頭頂部多為圓形，中唐時則多為直尖形式；襆頭腳也由最初的軟而下垂逐漸發展出以絲弦、金屬絲等為骨架的翹腳、直腳等硬腳。襆頭的花樣變化之多，甚至有「武家樣」「武家諸王樣」「英王樣」等諸多形制。由於樣式多變、使用方便，襆頭受到社會上下不同階層的歡迎。

除襆頭外，胡帽也是唐代流行的首服之一。所謂胡帽，並不具體指某一類帽子，而是泛指社會上流行的，由西北少數民族地區傳入的皮帽或氈帽。唐人對胡帽的接受有一個較為明顯的適應過程，而女子首服的流變在這一過程中更是惹人注目，因為它不僅反映了唐人對胡帽的逐漸接受，更反映了社會風氣的逐漸開放。如前所說，貞觀時，「漢着胡帽」雖然已十分普遍，但女子中卻流行障蔽全身的「冪」，冪「發自戎夷」，應該是對波斯婦人服大衫、披大帽帔的模仿。這種大帽帔被在今青海之地立國的吐谷渾人和白蘭國丁零人稱為冪，長安相沿稱之。

高宗以後，冪逐漸被長度大大縮短的帷帽取代，帷帽簷邊下垂的紗羅只到頸部，不僅戴起來方便很多，而且更重要的是，女子美麗的衣服可以毫無遮蔽地顯露出來，她們甚至還會把垂下的紗羅撩

開，露出面部。這種太過「暴露」的裝扮終於招致輿論的反擊，朝廷甚至專門下令禁止，卻又屢禁不止。但帷帽最終退出服飾時尚，卻是隨着「胡風」的盛行和開放程度的加深，胡帽取而代之的結果。史載，「則天之後，帷帽大行，冪漸息……開元初，從駕宮人騎馬者，皆着胡帽，靚妝露面，無復障蔽。士庶之家，又相仿效，帷帽之制，絕不行用」。胡帽的盛行使得玄宗朝甚至下令：「婦人服飾……帽子皆大露面，不得有掩蔽。」由明令禁止露出面部到明令「大露面」，這不僅僅是胡帽的勝利，也不僅僅是「胡風」的勝利，更是開放的社會風尚對禮教束縛的勝利。唐代最為流行的胡帽式樣主要有渾脫帽和卷簷虛帽。渾脫帽是用動物皮或厚錦緞製成的氈帽，高頂，尖而圓。據説它的流行與初唐大貴族長孫無忌有關，他用烏羊毛做成渾脫氈帽，引起天下人的效仿，被稱為「趙公渾脫」。卷簷虛帽則可能來自當時流行的柘枝舞，是一種高頂、帽簷上卷，以錦緞或毛氈製成的帽子。

除此之外，粟特地區的安國樂、康國樂、胡旋舞、胡騰舞、柘枝舞曾風行一時，「京城貴戚，皆競為之」。這時期的許多「舶來品」，大到皇家狩獵隊伍中的獵豹、長安當壚的胡姬，小到宮廷貴婦人玩耍的波斯犬、繪製壁畫使用的胡粉香料，都是粟特人從西方各國轉運而來的。美國人愛德華·謝弗曾在《唐代的外來文明》中提到：「唐朝人追求外來物品的風氣滲透了唐朝社會的各個階層和日常生活的各個方面：在各式各樣的家庭用具上都出現了伊朗、印度以

及突厥人的畫像和裝飾式樣。雖然說只是在 8 世紀時才是胡服、胡食、胡樂特別流行的時期，但實際上整個唐代都沒有從崇尚外來物品的社會風氣中解脫出來。」

舌尖上的「胡味」

美國人謝弗此話一點也不誇張，甚至中國傳統的飲食習慣也由於「胡風」浸潤，在唐代發生了巨大變化。「胡食」自漢魏即已通過絲綢之路傳入中國，而到了唐朝達到鼎盛。唐代不僅喜好胡食，而且種類繁多，有燒餅、胡餅、搭納等。其中最有名的要數胡餅了，長安街頭也出現不少專門賣胡餅的商鋪，而且還有詳細的製作方法，後來，人們結合我國傳統工藝對胡餅進行了改良，使之更加符合我國人民的口味。其類似於現在的燒餅，在爐中烤製而成，上着胡麻，中間還可以着餡，一直深受人們喜愛。據《資治通鑒·玄宗紀》記載，唐玄宗因安史之亂西逃至咸陽，當時正值中午，玄宗一路奔波饑腸轆轆，「上猶未食，楊國忠自市胡餅以獻」。可見當時胡餅已經是常見的食品。西域調味品也通過絲綢之路進入中原，豐富了食譜和烹飪方法，特別是胡椒的引進。《唐本草》記載：「胡椒生西戎，形如鼠李子，調食用之，味甚辛辣。」唐代長安也逐漸接受了胡人燒烤瘦肉的方法，喝葡萄酒和吃奶酪也成了一種新風尚。

但最重要的一個變化是中國人的飲食方式。在周秦時代，人們

習慣於席地而坐，連椅子都沒有，甚至古人席地的「坐」也同今天的「坐」區別巨大，更類似於今天的「跪」。古人的坐姿是兩膝相並，雙足在後，腳心斜後上，臀部落在腳跟上。因此當時的就餐方式是人們穿着寬大的衣服盤腿「坐」於席上，席下鋪筵。席與筵都是坐具，鋪在下面的叫筵，加鋪在上面的為席。區別是筵長席短，筵大席小。筵一般用較粗的料如蒲、葦等，尺寸較寬大；席一般用較細的料，尺寸較窄小。周邊多絲帛圍綴。每人面前有一張比膝蓋高一點的輕巧小桌，稱為食案。一人一個食案，案上放食物，飯菜與酒都是一人一份，各吃各的。如此「席地而坐，憑俎案而食」的飲食方式，對周邊的「漢字文化圈」國家曾產生過較大影響。如日本學者木村春子等人在《中國食文化事典》中說：「古代的中國，實行每人一份的分餐制；食案排列，如同席地便餐那樣，人們是坐在席墊上進食的。這種飲食方式被朝鮮半島和日本繼承了。」

　　但在中國本土，唐代之後的飲食方式發生了很大變化。在這一變革中起了關鍵作用的，正是今天看來十分尋常的椅子。一般認為，中原地區的高足坐具自張騫通西域傳入的「胡床」始。這種床可以摺疊，床面用繩帶交叉貫穿而成。胡三省注曰：「胡床，即今之交床，隋惡胡字，改曰交床，今之交椅是也。」它與中原地區從前流行的日常家具最大的區別在於高度：胡椅有腿，比原來中原地區的家具要高。到了「胡風」盛行的唐代，椅、床、榻等高足坐具逐漸取代了原來的座席。

以往傳統的進食方法是席地而坐，用低小的食案來擺放食物。現在一方發生變化，另一方勢必變化，與之匹配。假如坐具採用胡床，那麼食案的高度只到進食者的膝部左右，進食者每次進食都要彎腰，很不舒適。若仍席地而坐，配以胡桌，那麼桌子的高度大概相當於到進食者的頭部，同樣並不方便。所以胡桌胡椅的搭配使用變得順理成章。但是，胡桌所佔空間比食案大，數量自然不能很多，只能採取多人共用一套桌椅的進餐方式了。因此到了隋唐年間，胡床逐步演進為長凳、月牙凳、福壽椅、靠背椅，而低矮的食案也漸漸變成大案高桌。正是唐代高桌大椅的普遍使用，使人們圍坐在一起進食成為可能，進而形成「共食」的熱烈氣氛。圍桌合食遂逐漸成為影響日後中國的主流飲食方式。

消失千年的神秘國度
絲綢之路上的綠洲古國

絲綢之路的依托

長達萬里的漫漫絲綢之路，沿着亞歐大陸中部的乾旱地帶從東向西延伸，從騰格里沙漠、巴丹吉林沙漠、塔克拉瑪干沙漠等12個大沙漠、荒漠的邊緣或中間通過，伴隨着乾旱缺水、高溫炎熱、狂風暴沙、冰雪嚴寒的惡劣氣候。

「千山鳥飛絕，萬徑人蹤滅」的荒漠古道如此令人生畏，但古代仍然有仁人志士為追求人生目標，義無反顧地踏上這條西去的必經之路，仍有不少人東來西往，從這被視為絕境的地方走出去。成行的重要原因之一，是這地帶內有水源存在。元代馬可・波羅記述：

「騎行垂一年，尚不能從此端達彼端⋯⋯沿途盡是沙山沙谷，無食可覓。然若騎行一日一夜，則見有甘水，可供五十人或百人暨其牲畜之飲⋯⋯渡沙漠之時，至少有二十八處得此甘水。」

這些沙漠中的水源地被稱作綠洲。受盆地地貌制約，綠洲通常背靠崇山峻嶺，面臨戈壁沙漠，而且在地域上具有分散性，綠洲之間有沙漠戈壁相隔，兩地相距少者幾十公里，多者幾百公里。綠洲大小不一，有穩定的水源用於灌溉，小麥、棉花、瓜果等農作物都能生長良好，使其明顯區別於荒漠景觀。綠洲是浩瀚沙漠中的片片沃土，它就像是沙漠瀚海中美麗的珍珠，閃爍着神奇的色彩。正是綠洲的存在，支撐了絲綢之路的開拓和暢通，「負水擔糧」以支撐駝隊、馬幫在缺水少糧的沙漠地帶長年累月地跋涉前進。絲路沿線遍佈着大大小小的綠洲城鎮，從某種意義上來說，絲綢之路上的貿易，實際上是以這些綠洲城鎮為中介的四通八達的貿易活動。

早在漢代，當時的西域三十六國實際上就是三十六片較大的綠洲。其中的鄯善國（今新疆若羌附近）已建立起完善的驛傳制度。借給使者用的駱駝，在到達前站的綠洲後均需調換，使者和商隊的糧與水亦由沿途綠洲供給。由於接應使節的工作很艱辛，前站綠洲還需要給向導、護衛送穀物、小麥粉、紫苜蓿（馬的飼料）作為酬謝，有時向導和護衛還可得到雙重報酬。沿途綠洲不但要給來往旅客提供食物，而且還要補充糧草、飲水、人員、駱駝和馬匹，以確保旅客能穿越寬廣的沙漠戈壁，順利到達下一站綠洲。這就是《漢

書・西域傳》上所說的「負水擔糧，送迎漢使」。據史書記載，使團、商隊由保鏢或友邦軍隊護送，在使節、將領統率下，保鏢、士兵、馬伕、向導、後勤分工明確，沿途均有食宿安頓，曉行夜宿。絲綢之路古道所過綠洲之處，「村莊相望，桑麻盈野」。「天子好（大）宛馬，使者相望於道。諸使外國一輩大者數百，少者百餘人……漢率一歲中使多者十餘，少者五六輩。」由西向東來的使者、商人也絡繹於道，罽賓（現克什米爾印度控制區）「奉獻者皆行賈賤人，欲通貨市買，以獻為名」，「康居國遣侍子，入質漢朝，乃欲（與漢）賈市為好」。絲綢古道上，漢賈、胡商、官吏、僧人、將士的駝隊、馬幫秩序井然，頻頻穿梭於途。

文明的出現

西域最早的文明之花就誕生在這些豐饒的綠洲上。喀什、葉爾羌、和田、阿克蘇和庫車等圍繞塔里木的綠洲，靠崑崙山北坡和天山南坡融雪形成的溪流提供水源，與周圍的沙漠或半沙漠荒地形成鮮明對照，為人類提供了居住的處所。古老的社區在灌溉農業的基礎上發展起來，早期文明得以形成。

早在大約公元前 3000 年的中、新石器時代，龜茲（今新疆庫車）就已有人類祖先活動。那時人類已開始使用「細石器」，其製作工藝比較複雜，人們為了得到石器工具，不惜行走很遠去採集石料

進行打磨。另外，這一時期的石器型制、磨製技術和陶彩圖案風格與華北地區以及甘肅、寧夏等地十分相近，顯示了古龜茲地區及新疆史前人類的社會活動與內地的近似性，以及存在着的一種文化上的內在聯繫。

　　距今約 4000 年前，天山南麓及塔里木盆地周邊的各個綠洲基本上都已進入成熟的青銅時代，人們的生產生活形態多是半遊牧半定居，即秋冬季節全體部落成員均生活在盆地邊緣的綠洲裏，到了春天，青壯年們便趕着馬、牛、羊等牲畜進入山區草場放牧，老幼則繼續生活在綠洲，利用綠洲的水資源從事小面積的大麥、小麥、粟、黍等農作物的種植和葡萄等經濟作物的栽培。由於這一時期人類對農業種植及灌溉技術的掌握尚處於探索階段，所能收穫到的穀物和果實產量很低且無法保障生活，農業在整個社會生活中所佔比例不大，僅僅是畜牧經濟的補充而已，所以這一階段的綠洲農業稱為「園圃式農業」。到了相當於中原的春秋戰國時期，這裏開始由青銅時代進入早期鐵器時代。隨着鐵製品的普及，社會生產力有了空前的提高，社會形態也隨之從分散在各個小綠洲、各自為政的單個部落向血緣關係比較密切的、相鄰綠洲部落組成的部落聯盟演化。至遲在西漢張騫「鑿空」西域之前，西域各個綠洲基本上都已演化出各自的城邦國家，社會生活也由半遊牧半定居轉變成以綠洲農業為主的形態。

　　漢代，這些被沙漠、戈壁包圍的一片片綠洲已是一個個城邦國

家，一座座城堡是城邦的中心。城內居住着國君、貴族、官吏、地主、商人，他們佔有大量土地和水源，壟斷貿易；城內還居住着為他們服務的守衛、奴僕、工匠等百姓。城內有國庫、糧倉、商鋪、店行和生產生活必需品的手工作坊。城有內外之分，外城往往有許多客棧，供商隊來往時食宿。綠洲城邦是當地的政治、商業、文化和宗教中心。

歷史上最著名的綠洲城邦可能就是樓蘭了。它處於塔里木盆地的鎖鑰位置，是絲綢古道上直通河西走廊的必經要津，也是從中原、河西去往中亞的門戶。歷史上，樓蘭曾是一個顯赫一時的綠洲王國。古樓蘭城建在地勢平坦、地表水豐富的一條古河道兩側，是一座 3000 米見方的城市，佔地面積近 10 平方千米。城市佈局可分三部分：中部和中南部為行政區，南部和西南部為住宅區，東北部為城防區。絲綢之路開拓後，古樓蘭便由軍事屯墾城市變為絲綢貿易的中轉站。《漢書·西域傳》記載：「鄯善國本名樓蘭，王治扜泥城，去陽關千六百里，去長安六千一百里。戶千五百七十，口萬四千一百，勝兵二千九百十二人……地沙鹵，少田，寄田仰穀旁國……鄯善當漢道衝，西通且末七百二十里。」《漢書·西域傳》又記述：「樓蘭國最在東垂，近漢，當白龍堆，乏水草，常主發導，負水擔糧，送迎漢使，又數為吏卒所寇，懲艾不便與漢通。後復為匈奴反間，數遮殺漢使。」曹魏、西晉和前涼時在樓蘭設西域長史，樓蘭成為東西交通的重要樞紐，直到公元 4 世紀。

高昌（今新疆吐魯番）是絲綢北道上的軍事、經濟重鎮和文化中心，漢時為高昌壁，晉時為高昌壘，是漢、晉在西域的軍事據點之一；十六國和南北朝設高昌郡、高昌王國，唐設西州時已有一萬一千戶，人口近五萬；安西都護府曾於初期設在高昌。在唐代以前，高昌在經濟、文化上已發展到相當高的程度，灌溉農業奠定了經濟基礎，水利設施完備，山區兼營畜牧業。除種植小麥、大麥外，還廣種桑、麻、棗、葡萄、蔬菜等經濟作物。當時高昌居民已種植由印度傳入的「白疊子」，即棉花，而且掌握了紡紗織布技術。當地出產的白疊毛布，以質地柔軟耐用而享譽中原，比中原要早幾百年。

　　至於龜茲，地處天山南麓山前洪沖積平原綠洲上，也是絲綢北道上一個強盛的西域國，是當時的屯田中心和佛教中心。「西漢時期有戶6970，人口81317，兵員21076人，」境內多佛教石窟。貞觀三年（629年）玄奘和尚從高昌西去印度路經龜茲，在木扎提河—渭幹河谷內見伽藍比比皆是，僧徒數千，香火不絕。著名的克孜爾千佛洞即是證明。

　　崑崙山北麓絲綢南道上最大的一個綠洲王國于闐（今新疆和田）早期也信仰佛教。佛教一經傳入，便形成向外發展的趨勢，由此遍及西域，進而傳入中原和東方各國。玄奘說這裏「伽藍百有餘所，僧徒五千餘人，並多習學大乘法教」。當時于闐和中原、河西地方保持密切來往，經濟上、文化上深受中原影響。于闐的衣服用布、帛，如同中原，于闐的宮殿都面向中原，常取用中原常見的殿名，

甚至其君主也採用了漢姓（李）。和田市至今仍是塔里木盆地南部地區重要的經濟中心和農業生產基地，和田綠洲仍是聞名的瓜果之鄉，所產的和田地毯和和田玉馳名中外。

繁盛的貿易

不過，綠洲的灌溉農業受到泉水、坎兒井水和山上溪河水水量的限制，農業的大規模發展與人口的增長受到制約（漢代西域三十六國人口不過幾十萬），有些綠洲居民不得不脫離農業，去從事商業和手工業。商業貿易要走出去，進行長途販運，於是有當地居民組織起商隊，走向外部世界去探索和交流，西域綠洲因此突破封閉，有了經商的傳統。

高昌就是一個典型的例子。高昌為西域之門戶，是絲綢之路東西交通的重鎮，同時也是南北往來的要衝。《北史·高車傳》記載北魏宣武帝給高車王彌俄突的詔書中就指出：「蠕蠕（即柔然）、嚈噠、吐谷渾所以交通者，皆路由高昌，掎角相接。」高昌一直控制着絲綢之路新疆段的貿易權，從中轉貿易中獲取了巨大的商業利益。

當時高昌市場上商品種類十分豐富，農牧產品、手工製品、礦物和藥材應有盡有。這些商品多數產自高昌本地，主要供應給當地百姓，以及絡繹不絕的來往客商。完全意義上的絲路貿易商品主要來自外地，金、銀、銅、硇砂來自周邊的龜茲等地；胡奴、鍮石

（即銅礦或自然銅）來自更遙遠的粟特、波斯甚至拜占庭帝國；織錦有很多產地，中原、粟特、波斯製品都有出現，但以中原的織錦為主。曾有一份《高昌內藏奏得稱價錢帳》（阿斯塔那 514 號墓出土）記載了一年間（正月一日至十二月廿七日）高昌內藏徵收的市場交易稅。據殘存文書統計，共有交易 49 筆，計有金、銀、銅、香、硇砂、絲、石蜜、藥、鍮石等。其中有的商品單次交易數量很大，如香料 800 斤、生絲 80 斤等。這份文書真實地反映了高昌商業市場的繁榮。

高昌市場上貿易商品的流向充分體現了絲綢之路貿易的一大特點，即中國向西輸出的產品始終以絲織品為大宗，輸入中國的商品則以各國珍異、奢侈品為主，而輸入輸出的這些商品往往售價高昂，只有社會的上層階級才消費得起，與普通百姓並無多大關係。在中古時代，交通工具的發展尚不能適應低廉與笨重物品的交換，當時在國際貿易中佔首要地位的，是體積較小且利潤高的奢侈品。

高昌匯聚了來自各地的商人，有來自中原的漢客，西域的胡客，中亞的粟特胡商更是為數眾多。這些商人中部分是行商，遠道販易來到高昌，買賣之後便去往其他地方繼續交易；還有些是坐商，長期駐留在高昌，從東來行客處獲得絲織品，再轉賣給西去胡商，反之，從胡商手中購得香、藥等物，再轉賣給來自中原的商人，一買一賣，賺取差價。隨着商人的聚居，交易的增多，對貨幣供應量的要求提高，從各種稅收和鑄幣中所得到的收入，都流入高昌統治

者手中。此外，高昌向客商提供食宿，除了少數官方派遣的客使外，大部分是要自掏腰包的。對客館的經營也是高昌從絲路貿易中獲取收益的一個重要途徑。而高昌的居民也不自覺地參與到絲路貿易活動中，他們的生活深受絲綢之路這一大區域經濟體系的影響。他們首先是生絲這類絲路商品的生產者，生絲經過商人的層層販運，銷往中亞、波斯、拜占庭等地；當然，高昌居民同時也是部分絲路商品的消費者，尤其是富庶的王室成員與政府高官，是有能力消費一些奢侈品的。

湮滅的古國

這些綠洲國家雖然因絲綢之路而繁榮一時，但乾旱的氣候，匱乏的水源，仍在時時威脅着它的存在，樓蘭古國的湮滅就是一個典型的例子。1 世紀時，東漢還曾派班勇率五百人屯田樓蘭城。可是到了 3 世紀曹魏時期，史書竟稱此城為「古樓蘭」，之後又描述該地「流沙數百里」。到了 5 世紀，東晉僧人法顯記述此地為「上無飛鳥，下無走獸」的「沙河」，至此，一個有着古老文明、生機盎然的綠洲完全荒漠化了，這之間不過經歷了 200 到 400 年。

處於鼎盛時期的樓蘭城周圍水道縱橫，綠樹成蔭，城中屋宇鱗次櫛比。當年作為絲綢之路重鎮的樓蘭國，曾「立屯田於膏腴之野，列郵置於要害之路。馳命走驛，不絕於時月；商胡販客，日款於塞

下」。問題在於，樓蘭古國位於羅布泊西岸，孔雀河的下游。塔里木河北河注入孔雀河，孔雀河注入羅布泊，塔里木河南河注入台特馬湖，然後有多餘的水再注入羅布泊。也就是說，實際上古樓蘭處在塔里木河的最下游，是塔里木河南、北兩河水流的最終歸宿地，也是塔里木河水流減少首先會影響到的地方。古樓蘭的植物生長依靠塔里木河水的滋潤，農業生產也靠引塔里木河的水流灌溉，因此塔里木河有充足的水源流入孔雀河，再由孔雀河注入羅布泊，是樓蘭國賴以存續的關鍵。

但從西漢開始，塔里木河上游的龜茲、焉耆、疏勒一帶開始屯田，並且日益發展繁榮，這必然加大了用水量。據史料記載，上述屯田區在北朝時期廣泛種植水稻，如焉耆國「土田良沃，穀有稻、粟、菽、麥」，龜茲國「物產與焉耆略同」，疏勒國「土多稻、粟、麻、麥」。《魏書》中的《焉耆傳》《龜茲傳》和《疏勒傳》都有焉耆、龜茲和疏勒種植水稻的記載。在水資源總量有限的情況下，只要塔里木河中、上游截流，就會導致樓蘭來水逐漸減少。

更加不幸的是，從樓蘭出土的漢文文書和佉盧文（源自印度，早期絲綢之路上重要的通商語文和佛教語文）文書中得悉，三四世紀，氣候發生變化，旱期來臨，山區降水變少，補給河流的水量減少，河水下游斷流，乾旱迫使樓蘭走向衰落。從對佉盧文文書的解讀中可知，樓蘭人面對乾旱的困境，實行自救，採取用水付稅、閘口開封有人監證、挖大水池蓄水等措施，來應對用水困難。「連根砍

樹者，不管是誰都罰馬一匹，在樹木生長期應防止砍伐，如果砍伐樹木大枝，則罰牝牛一頭。」那時的樓蘭國王已深感保護樹木的重要性和緊迫性。隨着年景日益衰落，普通百姓和士兵官員常常接到減少口糧的命令。從出土文書中可知，在樓蘭的鼎盛時期，樓蘭人每人每日的糧食供應量是黑粟一斗二升，隨後口糧標準逐步降低，減至一斗、八升甚至六升。在口糧減少的同時，政府還強制節約糧食。出土文書中有「宜漸節省使相周接」之語……說明口糧問題已相當嚴重。樓蘭人隱隱地感到已無法扭轉惡化的逆境，離廢棄樓蘭城已不遠了。

330 年以後，隨着水源的斷絕，屯墾中斷，加上絲路改道等因素的影響，人們已無法或已沒有必要再堅守這塊土地。終於在 5 世紀末，人民散盡。此後，樓蘭地區長期盛行黑風暴，風向以東北風為主，每三到五天即有一次大風，在長期盛行風向的作用之下，當地形成很多長條形的壟崗和凹地，它們相間地排列着。現在古樓蘭城的遺址，就埋沒在這種雅丹地貌的沙堆中……

絲綢之路上最美麗的天堂

世界中心的撒馬爾罕

肥沃的綠洲

烏茲別克斯坦的第二大城市撒馬爾罕市坐落在距離卡拉庫姆沙漠不遠的澤拉夫善河河谷綠洲上。這裏所在的地區位於亞歐大陸腹地，遠離海洋，大部分地方屬於溫帶大陸性氣候，冬寒夏熱、降水量少、蒸發量大是當地氣候的主要特點。正是由於這個原因，水源對於中亞居民的生存和發展至關重要。阿姆河和錫爾河是該地最為著名、意義尤為重大的兩條河流，而撒馬爾罕正位於錫爾河和阿姆河之間，澤拉夫善河（中國古籍稱「那密水」，波斯語稱「輸金河」）河畔。得益於帕米爾高原上山脈的冰雪融水，這裏形成了大片綠

洲。持續而有保障的水源為當地的農業灌溉提供了必要的條件。肥沃的土壤不僅為農業社會的建立和發展奠定了基礎，而且使得許多人能依此耕作、生活，並得以延續下來，因而撒馬爾罕很快由人口聚落擴展成了城鎮。

撒馬爾罕最早的人類活動痕跡可以追溯到公元前 1500 年。1976年薩拉茲姆（Sarazm）遺址的發現證實了澤拉夫善河流域灌溉農業文明的久遠。在薩拉茲姆遺址發現之前，澤拉夫善河上游地區曾出土類似農具的斧子。薩拉茲姆的建築物按照其功能可分為住宅、穀倉和宗教建築。考古發現的兩室或三室住宅，以及狹窄的走廊式穀倉是從新石器時代到青銅時代晚期的顯著特徵；到青銅時代，出現了由生活區、儲藏室、工作間、廚房等組成的多室住宅。公元前 650年左右，中亞最古老的定居民族——説伊朗語的粟特人建立了最初的撒馬爾罕城。這座古城遺址位於今日撒馬爾罕城東北角的山丘台地，緊圍着整座古城殘存有 500 多段弧形的土質城牆，牆厚約 20 英尺，泥磚一塊塊夯成肥厚的麵包狀，每塊磚上還有砌磚人畫的一些幾何形，有些酷似阿拉伯數字「8」。如今，通過挖掘清理，古城城堡的雉堞清晰可見，已經乾涸了的引水溝渠貫通全城。引澤拉夫善河入城的工程完工的時代，相當於老子、孔子生活的中國春秋時期。

在中國漢代，張騫通西域標誌着絲綢之路的全線貫通，但早在這條絲綢之路開通之前，撒馬爾罕已經被捲入東西方之間的交往。它連接着中國、印度與波斯，是東經天山南路或北路到中國，南到

阿富汗、印度，西到波斯，西北到歐洲的中心地區。這些地區相互往來時都通過這裏。伴隨交通的發展，諸國物產自然地在此集散。特殊的地理環境造就了這座城市的輝煌，同時也註定了其成為歷代兵家必爭之地。

公元前 6 世紀中葉，波斯帝國的居魯士大帝在征服伊朗高原東部之後，將疆域延伸到印度西北、興都庫什山南部和錫爾河一帶，粟特人與帕提亞人、花剌子模人、阿里伊人所在的地區被合併為波斯第 16 個行省，總共繳納貢金 300 塔連特。波斯人還在撒馬爾罕建立了著名的城市馬拉干達。考古學家曾在撒馬爾罕附近的廢墟中發現了「大流克」，這是一種由中央政府統一製成，通用於整個波斯帝國境內的金幣。這些足可以說明，撒馬爾罕在波斯帝國經濟中發揮着重要作用，而且參與了東西方之間的貿易往來。到了公元前 4 世紀，亞歷山大大帝攻陷這座城市時，撒馬爾罕已是一座城牆聳立的國際化都城了。據公元 1 世紀羅馬史學家庫爾提烏斯記載：「亞歷山大攻下馬拉干達時，見該城內外兩重，各以城牆包圍，外城牆長達 70 斯塔迪昂（1 斯塔迪昂約等於 185 米）。城臨澤拉夫善河，已修通了運河。河中地區土地肥沃，溝渠如網，適於耕植。」亞歷山大承認：「關於馬拉干達，我聽說過的一切都是真實的，只是它比我想象得更漂亮。」

曇花一現的亞歷山大帝國之後，撒馬爾罕地區曾先後臣服於塞琉古王國、巴克特里亞王國、大月氏王國。這裏作為農耕地區，由

於長期以來不擅長於戰事，很難抵抗遊牧民族的入侵。因此，在受到來自匈奴、嚈噠、突厥等遊牧民族入侵時，為了確保商業的順暢進行和本土安全，撒馬爾罕接受了遊牧民族的統治。儘管撒馬爾罕成為藩屬國，但享有很高的獨立性，當地的粟特人也基本上保留了原有的生活方式。

文明的十字路口

5世紀之後，撒馬爾罕綠洲的灌溉工程有了很大的進步。阿姆河與錫爾河下游地區的灌溉面積達35000～38000平方公里，是今天的四倍，於是這裏很快成為這一時期農業發展和人口居住的主要地區。澤拉夫善河平原以及澤拉夫善河和達爾古姆運河之間建立有131個居民中心，其中，115個居民中心就源自這一時期。但綠洲地區所能承載的人口數量畢竟有限，因此，隨着人口的增加，粟特人不得不向外移民或者外出經商。經由印度河上游的旅行者主要就是粟特人，這一通道也被稱為「粟特之路」。與此同時，粟特人在草原遊牧地區也建立了商業聚落，遠及蒙古高原等地區。沿着絲綢之路，粟特商人從撒馬爾罕出發，與中國的河西走廊建立了聯繫，然後通過河西走廊進入中國內地。

這一時期，各地商隊相望於道，商業越來越繁盛，撒馬爾罕也成為當時重要的國際貿易城市之一。《隋書·西域傳》記有康國（撒

馬爾罕）「善於商賈，諸夷交易多湊其國……氣候溫，宜五穀，勤修園蔬，樹木滋茂。出馬、駝、騾、驢、封牛、黃金……多蒲陶酒（即葡萄酒），富家或致千石，連年不敗」。由此可見，當時的撒馬爾罕國力強盛，物產富饒，商業發達。史料記有其「名為強國，而西域諸國多歸之」，這說明，6世紀時期的撒馬爾罕不僅經濟進一步發展，政治影響力也進一步擴大，逐漸成為中亞地區政治和商貿的中心。唐朝的情況亦大抵如此。玄奘和尚的《大唐西域記》裏說：「颯秣建國周千六七百里，東西長，南北狹。國大都城周二十餘里，極險固，多居人。

異方寶貨，多聚此國。土地沃壤，稼穡備植。林樹蓊鬱，花果滋茂。多出善馬。機巧之技，特工諸國。氣序和暢，風俗猛烈。凡諸胡國，此為其中。」一個世紀之後的杜環在《經行記》裏也說：「康國……一名薩末建。土沃，人富，國小。」可見當時撒馬爾罕地區經濟繁榮，商業貿易興旺，與其他地區的往來交流十分頻繁。居住在撒馬爾罕的粟特商人的名聲遠播四海，《大唐西域記》裏就有載，這些粟特商人「風俗澆訛，多行詭詐，大抵貪求，父子計利」。

值得注意的是，作為中國、歐洲、印度、伊朗和諸遊牧民族之間重要驛站的撒馬爾罕，也是早期佛教、伊斯蘭教、祆教、基督教等各大宗教相互交匯的熔爐，堪稱「世界文明的十字路口」。這裏是瑣羅亞斯德教（即祆教）最早傳播的地區之一。在波斯古經《阿維斯塔》中，索格底亞那被看作是阿胡拉・瑪茲達所創造的，僅次

於雅利安人故地的第二大樂土，足見其在古代的重要性。即使在波斯帝國為新興的阿拉伯滅亡，撒馬爾罕（康國）成為阿拉伯人在中亞地區的軍事基地之後，杜環仍然在這裏看到，「有神祠名祆」。此外，也有許多粟特人信仰摩尼教。撒馬爾罕南部的摩尼教勢力最為強盛，中亞摩尼教教團的總部曾設立在此。六七世紀，粟特語、帕提亞語、中古波斯語成為中亞摩尼教徒所使用的語言，他們用這些語言書寫摩尼教經典。直到 10 世紀初期，撒馬爾罕還有 500 多位摩尼教徒居住。撒馬爾罕甚至曾建立了一個東方聶斯脫利派基督教（即景教）的大主教區，是聶斯脫利派教徒的活動中心。總之，無論是瑣羅亞斯德教，或者景教、摩尼教，都曾傳播到中亞，並從這裏向東傳到中國。

也是在 7 世紀，阿拉伯帝國對外擴張，中亞阿姆河、錫爾河流域諸城邦皆被置於其版圖之內。8 世紀中期，阿拔斯王朝成為這裏真正的統治者。9 世紀時，新興的薩曼王朝雖然以布哈拉為首都，但不論是從面積還是從人口來說，撒馬爾罕已經成為河中地區的第一大城市。從公元 2000 年起，在阿拔斯王朝的星期五大清真寺高低不平的幾十個廢物坑中，陸續出土了很多有意思的斷簡殘篇，顯示此處本是皇家學校，學生們在此苦讀苦練，準備成為未來的官員。還有一些奢侈品耐人尋味：飲酒用的玻璃杯、高腳杯，梳妝用的青銅鏡子，繪有宇宙圖像的磨具，一支長笛，考古所見現存最早的國際象棋殘子。可以想見，阿拔斯王朝時期的撒馬爾罕貴族過的曾是優哉

遊哉、閒暇安逸的日子。而在薩曼王朝時期，撒馬爾罕作為學問和藝術的中心，幾乎使阿拉伯帝國的首都巴格達相形失色。

「最美麗的天堂」

唐末五代以來，隨着吐蕃的崛起和其對河西走廊的控制，傳統的絲路回鶻道和漠北道幾乎中斷。北宋、西夏政權時期，西夏與青海唃廝囉政權為爭奪河西走廊的控制權征戰不休。西夏崛起後對絲路貿易徵收重稅，致使商旅蕭條，絲路趨向衰落。直到西遼政權建立，其疆域遼闊，屬國眾多，東起土拉河上游，西至鹹海，北越巴爾喀什湖，南抵阿姆河流域，正位於亞歐大陸的交通樞紐上，加上西遼政權大力發展工商業和國際貿易，促進了絲路區域一系列工商業城市的興起和發展，處於絲路要道的撒馬爾罕因此重現繁榮。城市裏建有專供貿易商隊食宿的客棧和商品集散地，貿易品主要是中原的絲綢、瓷器、茶葉以及高級工藝品、生產生活用品等；撒馬爾罕的產品中最著名的是紙品，以織機生產的紅布和白布，還有綢緞和粗絲織品。在這裏，銅匠還製作很大的銅壺，其他的手工藝人生產馬鐙、肚帶等挽具，還有各式各樣的缸和高腳玻璃杯，附近地區還出口大量的胡桃。

到了蒙古帝國西征時，撒馬爾罕已經是花剌子模帝國的新都。這座人口達 50 萬的繁華大城是當時阿拉伯世界的政治、經濟中心。

「撒馬爾罕」在烏茲別克語中的意思就是「肥沃的土地」。伊朗史學家志費尼在他的《世界征服者史》裏稱讚撒馬爾罕「論幅員，它是算端諸州中最大的一個，論土地，它又是諸郡中最肥沃的一個。而且眾所公認，在四個伊甸園中，它是人世間最美的天堂」。

1220 年 3 月 19 日，這座「天堂之城」在成吉思汗的攻勢下開城投降。原城內居民中，只有伊斯蘭教長老、《古蘭經》保管者、伊斯蘭教法官和他們的 5 萬家屬在繳納了高達 20 萬第納爾的贖金之後，才被允許回到撒馬爾罕城裏居住，但他們只住滿了城市內的一個小角落。當「長春真人」丘處機數年後西行路過此處時，發現該城的人口只及戰前的四分之一。

撒馬爾罕的悲劇命運，連身為蒙古汗國臣子的志費尼也深為痛心，他在書裏感慨命運無常，繁華易逝，以一首短詩作為描述撒馬爾罕之戰的輓歌：「心兒喲，不要呻吟，因為塵世僅僅是幻影；靈魂喲，不要悲傷，因為凡間僅僅是虛無！」

幸而撒馬爾罕隨後就因絲綢之路的復興而恢復了元氣。蒙古西征的結果是摧毀了絲綢之路上各自為政的割據政權，將碎片化的政治版圖整合了起來，形成了一個空前龐大的蒙古帝國。其版圖東臨太平洋，西至東歐平原，北起西伯利亞北極圈，南到波斯灣。這是人類古代歷史上地域最遼闊的大帝國。

蒙古統治者意識到，必須建立專門的信息傳遞機制，以保證消息迅速而暢行無阻地在廣闊的領地上傳遞。「（蒙古帝國）領土日

廣，重要事件時有發生，因此了解敵人的活動變得重要起來。而且把貨物從西方運到東方，或從遠東運到西方，也是必需的。」為此，驛站的設立緊隨在沿絲綢之路西征的軍隊之後。在最初的殺伐攻掠過去後，西征的蒙古人很快在其佔領的地區留下了他們的官員「達魯花赤」和「八思哈」，並建立了驛站系統。

雖然蒙古帝國驛站的設立和驛路的開闢主要是為了通達邊情、佈宣號令，但這也為商人經商創造了便利條件 —— 為保護這些驛站，蒙古當局嚴厲打擊殺人越貨的盜匪路霸（僅伊利汗國就有萬人的軍隊專門防衛驛站）。既然從中國到歐洲的絲綢之路前所未有的暢通，坐落於交通要道上的東西方交流樞紐撒馬爾罕自然會從中受益。

「世界的中心」

14 世紀下半葉，被視為成吉思汗之後又一位偉大征服者，突厥化的蒙古貴族「跛子」帖木兒建立帖木兒帝國，並建都撒馬爾罕（稱為「眾速檀的駐地、汗的家園、聖人的居所、迭里維希和蘇非的故鄉、學者的都城」），我國明朝史書以「撒馬爾罕」稱其國。這一時期，撒馬爾罕再現輝煌，進入了歷史上的鼎盛時期。

在二十餘年幾乎不間斷的征戰中，帖木兒顯示出了卓越的軍事才能，他的帝國的版圖大體整合了原蒙古四大汗國中的兩個 ——（西）察合台汗國與伊利汗國。當時還存在的另一個蒙古汗國：欽察

（金帳）汗國，也被帖木兒打得一敗塗地。甚至連成吉思汗都未曾涉足的土地——印度，也難逃「跛子」的鐵騎蹂躪。帖木兒帝國西至黑海同兩河流域，東接中國新疆和印度，北抵鹹海、里海與高加索山脈，南及阿拉伯海及波斯灣，可謂盛極一時。

帖木兒的征戰有一個明確的戰略目標：徹底復興絲綢之路，並從各地搶奪財寶，俘獲工匠，不惜人力財力，使他的都城撒馬爾罕成為世界貿易的中心。他在給法國國王的信裏寫道：「世界因為商人才能繁榮。」出於這一目的，在戰亂中被破壞的驛站系統得到恢復，帖木兒在自己的國土內重整蒙古時代的驛道、驛站，「各驛站間之距離，皆按一日程，或半日程而建。大站之內，常備馬百餘匹」。

對於借戰亂而在帝國境內為非作歹的強盜，帖木兒無情地施以鐵腕。1386年，他在進攻阿塞拜疆途中，懲罰了那些曾打劫去往麥加的商旅的盧里斯坦山民。「這些打劫商旅的盜賊大部分被俘獲，他詔令將他們通通從山巔摔到山腳。」這就使得帕米爾高原以西的絲綢之路上的商業往來得到一定程度的恢復。

按照帖木兒的計劃，撒馬爾罕要成為世界上首屈一指的城市。他的想法可從撒馬爾罕周圍建的一系列被冠以伊斯蘭世界主要城市名的村莊看出：巴格達、大馬士革、密斯爾（開羅）、設拉子⋯⋯為了新建撒馬爾罕，帖木兒不惜採用種種手段，招引商人前來貿易，並從所征服的各城市中，選拔最良善、最有才幹及巧藝之工匠，送來這裏。

大馬士革的珠寶商、絲織工匠、弓矢匠、戰車製造家、製琉璃與瓷器的陶工，小亞細亞的造槍匠、鏤金匠、建築師等各種手工藝人都被送往該城。來自各處的技工匠師數目超過 15 萬，所以「此都中凡百行業，皆無缺乏專門技工之感」。首都之外，繁盛之村落中，也有帖木兒從所征服之各地移來的人民充實其間。

1404 年 9 月，卡斯蒂利亞（今屬西班牙）國王的使節克拉維約（Clavijo）就曾通過絲綢之路抵達撒馬爾罕觀見帖木兒。當時的撒馬爾罕是絲綢之路的輻輳之地，通往波斯、兩河流域、阿富汗、印度、天山地區以及欽察草原等地都十分方便。撒馬爾罕城恢宏壯觀，華美異常，「城市建在一座平原上，城之四周，圍以土牆，外有護城壕……城郭四郊之房舍建築，以及園囿之屬，連亙有二十里之遙。花園及果林之間，皆開闢廣場，及往來大道。城內遍設商鋪，出售一切應用物品。城外的居民比城內人口多。最華美富麗的樓房別墅，皆建在四郊。普通的民居一般是用磚石疊成的，下等民眾的房屋一般是平頭土屋，或者為氈帳」。

幾個世紀之後，曾任印度總督（1898—1905 年）的英國寇松勳爵被巨大而開闊，承載着帖木兒時代輝煌的雷吉斯坦廣場所震驚。這座廣場位於撒馬爾罕城中心，氣勢恢宏壯觀，帶有鮮明的伊斯蘭中世紀古韻。在色彩絢麗的廣場上，建有三所宏大的神學院，從左到右依次是兀魯伯神學院、季里雅·卡利神學院、希爾·多爾神學院。它們歷經多次戰火和地震的洗禮，仍風姿依然，這些神學

院就是當時的高等學府。根據寇松的説法,「雷吉斯坦廣場是世界上最早的廣場,即使已成廢墟,也仍然是世界上最壯觀的廣場。當我走進它時,我不知道東方還有什麼建築能比它更簡潔明快而又美麗壯觀,在歐洲也沒有……撒馬爾罕在其鼎盛時期會是什麼樣子?當這些偉大的建築物從泥瓦工手中建成之時,應該是十分完美的,五彩繽紛,熠熠發光,學校中的學生滿滿當當,清真寺中的朝聖者摩肩擦踵,還有一些由國王出資建設的機構,仍然可以進一步發揮想象力來描繪」。

前來觀見的使節克拉維約還發現,撒馬爾罕是世界各地特產商品的集散中心,城內的商業貿易十分繁榮。他在《克拉維約東使記》中寫道:「自俄羅斯及韃靼境內運來之貨物,為皮貨及亞麻。自中國境內運來世界上最華美的絲織品……自和田運來寶玉、瑪瑙、珠貨以及各樣珍貴首飾……印度運來撒馬爾罕者為香料……商肆建在街道兩旁,對峙而立……」在克拉維約眼中,有些珍奇貨物在地中海城市是見不到的。日本學者前島信次説:「(帖木兒)這種在絲綢之路的中央部分建設起一座美好都市的理想,確實夠得上絲綢之路英雄的稱號了。」在帖木兒時代,撒馬爾罕發展成為集工藝製造、貿易、中世紀學術和文化的偉大中心,也是當時中亞乃至世界上最奢華的城市。

歷史上的撒馬爾罕經歷了繁盛與衰落,飽經滄桑變化,但它震爍古今,依然燦若明珠。2001 年,聯合國教科文組織世界遺產委員

會第 25 次會議在芬蘭召開,「地處世界不同文明交匯點的撒馬爾罕」被列為世界文化遺產。毫無疑問,這是對撒馬爾罕中亞歷史文化名城地位與價值的肯定。其悠久的歷史以及融合了波斯、粟特、突厥等民族的古文明元素,使得這座中亞古城絢麗無比。

華戎所交一都會
絲路咽喉上的敦煌

絲綢之路的咽喉

我國黃河以西的地區自古被稱為「河西」。從地勢地形上說，這一地區在甘肅西北部祁連山以北、合黎山以南，烏鞘嶺以西，甘肅新疆邊界以東，形成一條長一千多公里、寬數公里至百餘公里不等的狹長地帶，猶如一條天然長廊，連通了中原與西域，所以又被稱為「河西走廊」。這條河西走廊西端的城市便是敦煌。

敦煌深居亞洲內陸，屬大陸性氣候，乾燥少雨，年降水量不到50毫米，遠遠低於蒸發量。好在敦煌南倚祁連山，祁連山高峰海拔4000米以上，山上終年積雪，人稱「冰源水庫」，其冰川的大部分

又都分佈於北坡。春夏時節冰雪消融，雪水順着山勢流入走廊，匯成石羊河、黑河、疏勒河三大水系，幾片綠洲緣河而成，隨之帶來了勃勃生機。敦煌位於疏勒河流域的綠洲上，這塊綠洲自西南向東北呈扇面形展開，面積較大，約有 300 平方公里，並且土地肥沃，宜耕宜牧，是沙漠、戈壁包圍着的一方難得的「生命之洲」。從古至今的敦煌人民便主要活動在這塊平原上，勤勞智慧的敦煌人讓這生命之洲生長出了瑰麗卓絕的敦煌文化。

在今敦煌市南湖鄉的「古董灘」和瓜州縣雙塔水庫等地，曾出土不少新石器時代的石刀、石斧、砂陶器等物。在疏勒河下游和黨河下游的交匯處、敦煌城北黃墩堡一帶，曾出土數枚 3000 多年前的打製石器。春秋時期，這裏是「允姓之戎」的居地。《左傳》中說的「允姓之戎，居於瓜州」的「瓜州」就在今敦煌境內。

戰國至秦漢間，文獻資料中可見的敦煌居民有烏孫人和月氏人。《漢書》記載：「烏孫本與大月氏共在敦煌間」。而塞種胡人和匈奴人也在敦煌居住過。月氏人一度將塞種胡人和烏孫人趕走，獨霸敦煌，但很快又被崛起於北方的匈奴擊敗而被迫大舉西遷。匈奴趕走月氏之後，便控制了整個河西。

漢朝經過 70 多年的休養生息，漸漸富強起來。漢武帝即位後，開始了反擊匈奴的戰爭。元狩二年（前 121 年）春，漢武帝派霍去病率大軍進擊河西的匈奴。同年夏再次出兵，徹底擊敗匈奴，匈奴渾邪王率四萬餘眾投降漢朝。

從此，河西走廊歸入中原王朝的版圖，漢廷在河西設置了武威、酒泉兩郡，敦煌一帶歸酒泉郡管轄。10 年後的元鼎六年（前 111 年），又分武威、酒泉兩郡之地，增設張掖、敦煌郡。敦煌郡轄敦煌、冥安、效谷、淵泉、廣至、龍勒 6 個縣。為了防禦匈奴餘部的侵擾，漢廷又在敦煌西部修築了長城，與酒泉郡的長城相連，並在郡西北部設立玉門關和陽關，扼守從西域進入河西、中原的大門。這就是《漢書·西域傳》所說的「列四郡，據兩關」。今天仍然屹立在敦煌西北的玉門關，是一個大體上四四方方的城墩，各邊的長度在 25 米左右，現存的高度約為 10 米。根據 1907 年英國探險家斯坦因和 1944 年考古學家夏鼐等人在此發掘到的漢簡，可知西漢時期，這裏是玉門都尉府的治所，東漢為玉門侯官的治所。從西漢到東漢，玉門關聳立於此，迎接着西方的來客，送走漢廷派往西域的使節。

敦煌郡建立之後，西漢政府沿用秦朝和漢初在此設立的屯田戍守、移民墾殖的辦法，於建郡當年及其後多次移民至此。這些移民大部分是原居內地生活無着的農民，也有一些是攜帶家屬的罪犯，他們的到來使敦煌地區的人口迅速增多。據《漢書·地理志》記載，在西漢人口最盛的漢平帝元始二年（公元 2 年），敦煌郡已經有 11200 多戶，38335 人，佔西漢全國 103 個郡國總人口的 1/1500。這相對繁榮發達的中原地區來說，確實稱不上人口稠密、人丁興旺，但就建郡不久的敦煌而言，卻是極大的進步。經過這樣大規模

的移民，敦煌迅速從少數民族聚居區發展成了以漢人為主體民族的地區，經濟生活也從以遊牧為主過渡到以農耕為主，生產力水平有了很大提高。

從這時起，敦煌就成為絲綢之路上的咽喉重鎮。20世紀初期，西方探險家斯坦因就曾在敦煌的玉門關遺址發掘出一些絲織品，其中一件絲綢條帶上寫有漢字：「任城國亢父，縑一匹，幅廣二尺二寸，長四丈，重二十五兩，直錢六百一十八。」任城國是東漢章帝元和元年（84年）所封的諸侯國，在今山東濟寧。這段文字表明這是古代山東地區出產的絲綢，上面寫了長寬和重量以及時價，顯然是為了便於出售，類似今天的產品標籤。漢代開通的絲綢之路從長安出發，沿渭水西行，經河西至敦煌，然後分為南北兩道。南道由敦煌西南行，出陽關，沿南山北麓，出蔥嶺；北道由敦煌西北行，出玉門關，穿白龍堆，沿北山南麓，到疏勒與南道匯合出蔥嶺。無論南道、北道，敦煌都是必經之地。外國使節、僧侶、商賈，在這裏等候簽發通行證。有的停留在敦煌學習風土人情和漢語。有的就在敦煌開店設市，而西去的使節、官吏、戍卒也要在此籌備糧草，熟悉西域語言，做好出國的各種準備工作。裴矩《西域圖記》的序言裏記載道：「故知伊吾、高昌、鄯善並西域之門戶也。總湊敦煌，是其咽喉之地。」

華戎交匯的大都會

東漢地理學家應劭解釋「敦煌」為:「敦,大也;煌,盛也。」「大」和「盛」就有開拓和發達之意。可以說,這兩個字概括了敦煌的歷史地位和狀況。早在東漢班超任西域都護時,敦煌就開始聚集大批商人,逐步發展成一個著名的商業城市,被史書盛讚為「華戎所交,一都會也」。

魏晉南北朝時期是敦煌歷史上最複雜多變的時期,政權更替頻繁,先後經歷了曹魏、西晉、前涼、前秦、後涼、西涼、北涼、北魏、西魏、北周等多個政權的統轄,西涼政權還一度定都於此,使敦煌第一次成為割據王國的都城。敦煌偏居西北一隅,大量中原人士流亡至此,帶來了先進的技術和文化,可以說,這一時期也是敦煌城市的大發展時期。西晉時敦煌商業發展很快,那時在敦煌地區從事商業活動的主要是原居住於中亞等地的粟特人,他們之中有行商,也有坐賈。行商們將敦煌視為中轉站,經由這裏向河西東部甚至中原進行貿易。寫於西晉末年的「古粟特文信劄」就記載了粟特商人在敦煌、酒泉、金城(即蘭州)、洛陽等地的活動情況,並提到當時居住在敦煌的粟特自由民有百家之多。

另一方面,地接西域,也使得敦煌較早接受了由印度發源,經西域傳播的佛教思想與文化。使節、僧人、商人通過政治和商業往來將佛教帶到了敦煌。而早先定居敦煌的西域僧商以及敦煌本土底

層知識分子通過翻譯佛經、傳抄佛經，加速了佛教在敦煌及中原的傳播。還有一些西域高僧，在赴中原傳佈佛法之前，都會先在敦煌住上一段時間（一年或幾年），學習漢語，並在敦煌當地寺院講經説法，待精通漢語後，再東行傳經，這也促進了敦煌地區佛教的發展與昌盛──著名的莫高窟正是在這一時期開始營建的。

到了隋唐時期，西晉以來三百餘年的分裂局面宣告結束。隋唐兩朝經營西域，隨後又取得了征討吐谷渾、突厥之戰的勝利，保障了絲綢之路的暢通與繁榮，為敦煌的發展提供了穩定的外部環境，使敦煌經濟文化臻於極盛。《太平廣記》收錄的唐代傳奇《東城老父傳》中記載：「河州敦煌道，歲屯田，實邊食，餘粟轉輸靈州，漕下黃河，入太原倉，備關中凶年。」處於沙漠邊緣的敦煌，居然有餘糧可備關中荒年，雖然有點誇張，但在一定程度上反映了這一時期敦煌農業的發達。與此同時，敦煌的貿易市場也達到前所未有的國際化程度。在敦煌市場上從事貿易的除「商業民族」粟特人之外，還有波斯、印度、吐蕃、于闐、回鶻等民族或地區的商人，中原和周邊國家地區及中亞、印度的特產都匯集在市場上，包括香料、藥物、紡織品、顏料、礦石、寶石、宗教器物、書籍等。如顏料就是敦煌市場上比較常見的一種舶來品，「胡粉」產自西域，「鹽綠」產自龜茲。可以説，敦煌作為驛站在絲綢之路貿易中發揮了實實在在的作用。

敦煌的民間貿易也較為發達，民間經商之風盛行，出現了專門

進行買賣的場所「市」。敦煌寫本《舜子變》載：「見後母負薪，詣市易米。值舜羅（耀）於市。」這裏的「市」指的就是民間的貿易市場。在出土的敦煌文書中，人們仍然能夠依稀想見當時敦煌的繁榮景象。從《兒郎偉》的記載中可以看出，敦煌的南北街都是貿易市場：「敦煌是神鄉勝境，外狄不曾稍傳；四海爭諸納貢，盡拜延□樓前。傳說阿郎治化，如日照着無邊。百姓移風易俗，不樂跳□求錢。總願寬耕營種，□□□足衣全。實亦□□出裏，麥□□日生煙。階南公段去交易，街北將硬秤進顛。毛國番人，不會漢法，也道此人偏憐。」為我們勾勒出一幅生動鮮活的敦煌市場交易畫面。敦煌遺書《王梵志詩》記載，「興生市郭兒，從頭市內坐」，「行行皆有鋪，鋪裏有雜貨」，足以看出當時敦煌市場繁榮興盛的情景。在唐代敦煌莫高窟的壁畫中，也有許多西域使者和胡商的形象，他們牽着滿載貨物的駝隊，或趕着毛驢馬匹，跋涉於廣闊無際的荒漠中，為敦煌商業的發展做着貢獻。敦煌佛爺廟唐墓曾出土一塊胡人牽駝磚，長 34.5 厘米，寬 35 厘米，厚 5 厘米。磚上駱駝背負重馱，四肢健捷，昂首闊步，甩尾前進。牽駝人頭戴中亞尖頂虛帽，高鼻深目，身穿圓領窄袖服，右手握韁繩，左手執短杖，正作長途跋涉狀。

歸義軍與藏經洞

這樣的局面在 8 世紀中葉後為之一變。歷時八年的「安史之亂」

（755—763 年）爆發，大唐帝國的國勢急轉直下。為應對國內危局，唐廷的西域駐軍東調內地平叛，遂令西北邊防陷於空虛。早已虎視眈眈的吐蕃趁勢東進，十餘年中，唐軍在河西走廊的各個要塞和城市為吐蕃軍一一擊破。建中二年（781 年），大唐在河西的最後一座城市沙州（即敦煌）陷落，至此大唐完全失去了河西走廊的控制權。

吐蕃人統治下的河西走廊可以說是一片凋敝。各座城市在盛唐時期修建的城市設施、水利設施都逐漸廢弛，大倒退局面顯現，百姓生活苦不堪言。開成年間（836—840 年），有一支唐朝的使團出使西域，途經甘州（今張掖）、涼州（今武威）、瓜州（今酒泉）、沙州諸地，當地民眾都夾道相迎，泣曰：「皇帝猶念陷蕃生靈否？」這時候河西以及西域淪陷已有數代，但當地民眾仍然心向中原，對大唐念念不忘。

841 年，吐蕃境內發生大規模的饑荒，「人饑疫，死者相枕藉」。第二年，吐蕃贊普（朗達瑪）遇刺身亡，吐蕃王朝中央政權就此崩潰。河隴各處吐蕃守將人心思變，兵防極度空虛。唐宣宗大中二年（848 年），敦煌人張議潮乘吐蕃勢衰，聯合當地各族人民起事，驅逐吐蕃守軍，一時間，「河隴陷沒百餘年，至是悉復故地」。851 年，張議潮獻河西十一州圖籍入長安告捷，興奮的唐廷一面感慨「關西出將，豈虛也哉」，一面於沙州建立「歸義軍」，統領回歸大唐的瓜、沙等十一州，授張議潮歸義軍節度使、十一州觀察使。

但此時已經在藩鎮割據的困境中病入膏肓的唐廷除了置軍設使，並以官爵羈縻張議潮之外，已沒有經營河西的軍事能力，所謂「宣（宗）、懿（宗）德微，不暇疆理，惟名存有司而已」。失去了中央政府支持的歸義軍對河西走廊的控制也如同曇花一現，各地少數民族武裝蜂起，大片土地脫輻而去，原本在漠北的回鶻汗國崩潰後，餘部有一支也進入了甘州，不數十年，歸義軍所轄疆土只剩下瓜、沙兩州，孤懸於河西走廊的最西端。911 年，苟延殘喘的歸義軍與甘州回鶻交惡，結果回鶻軍兵臨敦煌城下，驚恐之中，沙州僧俗百姓自宰相以下上書回鶻可汗，願意結為父子關係。幸好甘州回鶻只是以一塊綠洲為中心的小國，對擴張領土的興趣遠沒有從絲路貿易中悶聲發大財的興趣大，歸義軍這才免遭滅亡厄運。

914 年，歸義軍內部發生兵變，曹議金取代了張議潮後裔的統治地位。曹氏歸義軍節度使治下的瓜、沙二州不事兵革，崇佛修文，收藏了無以計數的各類書籍；百姓安居樂業，宛如河西走廊的世外桃源。代表歸義軍官方貿易的是使頭（職位名）的率團充使，這支兼具商隊性質的使團不僅是歸義軍節度使政治與外交上的代言人，同時也是經濟上開展對外貿易的商貿代表團。許多百姓、僧侶都加入了使團，隨同使團出使鄰邦。這些使團往往以馱貨載物的商隊形式出現。他們的駝馬上負載着大量的絲、絹等物，為的就是到異邦的市場上進行貿易。敦煌文書中大量記載了使者僱駝貸物前往鄰邦充使之事，其中不少使團成員是平民百姓、下級僧侶，生活上

並不富裕，是想通過隨團同使到異地市場上做些買賣。當時，絹是歸義軍開展對外貿易的最重要的商品。這裏有從中原運來的絲帛，也有敦煌自產的織物，有詩句「仕女尚挽天寶髻，水流依舊種桑麻」，便是描繪了歸義軍時期敦煌盛植桑樹、育蠶織絲的景象。

至 11 世紀初期，河西走廊這個對於絲綢之路及東西方經濟文化交流極其重要的通道裏，雜居着漢、回鶻、吐蕃以及歷史上被稱為諸羌或諸蕃的眾多部落民族。主要的地方割據有：名義上由中原王朝委派官吏，實際上仍由吐蕃控制的涼州（今武威）；完全由回鶻人控制的甘州（今張掖）；以及歸義軍轄下的瓜州和沙州。北宋建國初年，以党項羌為主體民族的西夏崛起於夏州（在今陝西榆林，十六國時期的統萬城故址），佔有綏、銀等州。經過李繼遷、李德明、李元昊祖孫三代的創業，西夏統治者企圖在西北建立一個統一王國。但是要做到這一點，必須佔有整個河西地區。統一了河西，西夏不僅能獲得大片土地和豐富的農、畜產資源，而且能控制絲綢之路的交通和通商權。對西夏來説，這樣不僅解除了後顧之憂，而且使其如虎添翼，擁有足夠的實力面向東方和北方，與北宋和遼（契丹）成三足鼎立之勢。於是，無論曹氏政權面對李元昊是多麼委曲求全，歸義軍這亂世中的一葉扁舟，在西夏擴張的怒濤中終究難逃傾覆的命運。

約 1036 年，西夏大軍攻滅歸義軍，佔領敦煌。有人認為，正是在迫在眉睫的滅亡危機中，敦煌人民與時間賽跑一般將大量典籍裝

進了著名的莫高窟藏經洞。法國著名漢學家伯希和在《敦煌石室訪書記》中就寫道:「洞之封閉,必在 11 世紀之前半期,蓋無可疑。以意度之,殆即 1035 年西夏侵佔西陲是也。」不過直至今日,對於藏經的時間尚有各種說法,時間跨度達幾百年,仍為史家懸案一樁。

絲路沉寂

西夏統治的開始意味着敦煌的極盛時期宣告結束。由於党項貴族對過境的商人索取高額通行稅,當時從事絲綢之路東西通商最活躍的回鶻人,只好避開西夏境內河西走廊的傳統路線,另外開闢新路:一條是經由內蒙古,通過陰山山脈的山麓進入遼國;另一條是通過青海,經由臨洮、秦川入長安,最後抵達宋的首都汴京(今河南開封)。換句話說,西夏興盛時期,敦煌在絲綢之路交通史上失掉了其作為要鎮的地位。蒙古滅亡西夏之後,由於元朝的統治中心北移,此時絲綢之路從中亞沿天山北麓直通和林(今蒙古國哈拉和林),再從那裏通到大都(今北京)。換句話說,從元朝首都西行,即使去西域也不必經由敦煌。由於交通路線的改變,敦煌不再是東西交通路上的必經城市,故而在元代,敦煌的重要性和特殊性毫無疑問地持續下降。當時的西方旅行家們在他們的旅行記錄裏寫道:「敦煌在東西交通路上不被重視,失掉了往年的聲譽,也並不是沒有道理的。」

元代以後，隨着海上航道的發現和利用，陸上絲綢之路逐漸衰落，敦煌的地位更加式微。元廷僅將敦煌作為河西通道上的一個補給站進行小規模經營，其着眼點僅限於屯田戍守。終元之世，瓜、沙兩州一直為軍屯區域。明洪武五年（1372 年），宋國公馮勝下河西，以嘉峪關為界，遂放棄了整個嘉峪關以西地區。明朝以嘉峪關為國門，敦煌失去了中西陸路交通中轉站的地位。明廷出於種種考慮，從佔據敦煌到設置羈縻衛所，最後決定將其棄置。正德十一年（1516 年），明政府遷徙沙州百姓至肅州境內，劃嘉峪關而守，敦煌被孤懸關外，曠無建置二百年，田園荒蕪，作為國際大都市的敦煌從此一去而不返。敦煌地區出現了「風搖檉柳空千里，月照流沙別一天」的荒涼衰敗的場景，千年都會、絲綢孔道變成廢墟，歷代政權對敦煌的開發成果幾乎化為烏有。

直到近兩百年後，清廷入主中原，開始經營西北。康熙年間，清廷於 1718 年在今安西、玉門一帶設立了赤斤、靖逆二衛，敦煌也隨之重建。雍正元年（1723 年），清廷在敦煌設立沙州所，兩年後又升沙州所為衛，隸屬於安西同知，並在黨河東岸沙州故城東另築新城，以代替受黨河水侵蝕，東牆已經坍壞的原沙州衛城。這座新城，就是後來沿用至民國時期的敦煌縣城。

在升沙州所為沙州衛的同時，清朝還採納川陝總督岳鐘琪的建議，從西北 50 餘州縣陸續遷徙 2400 多戶漢民至敦煌屯田。敦煌的社會經濟開始復蘇，幾年間開墾耕地十餘萬畝。為了保障農業用

水，敦煌地區曾兩次拓修支渠，形成了一個龐大的水利灌溉網；人口也隨之增多，到乾隆年間已增至 8 萬人，達到歷史最高紀錄。清廷遂於乾隆二十五年（1760 年）將沙州衛改為敦煌縣，隸屬於安肅道，兩年後又將敦煌定為府治。

隨着社會經濟恢復，敦煌的商業重新獲得一定的發展。由於敦煌居民皆在臨城四五十里內居住，因此四鄉別無市集，主要的商業貿易都在城內進行，以東關大街為最繁盛之區，其次是南北關。除此之外，敦煌地區名目繁多的廟會也是人們進行貿易往來的重要場所。廟會期間，流動的小商販趕來，擺攤設點，銷售各種貨物，席棚布帳，鱗次櫛比；城鄉人民，不分年齡，不分行業，不分階層，選購各自所需貨物。許多農戶將收穫的多餘農產品或自製的手工產品拿到市集中，用以交換生產生活所需的物品。然而，此時的敦煌只有「大小商人約百餘家」，與曾經絲綢貿易的繁榮情景不可同日而語。

儘管清代敦煌地區的經濟發展水平確已遠不如前，但 20 世紀初斯坦因的探險手記仍然這樣描述敦煌的市場：「對各地的商品都同樣接受，無論這些商品是由東面運來的具備中國特色的貨物，還是從喀什噶爾或烏魯木齊運來的俄國產品，或是從和田經由沙漠所運來的英國和印度的貨物，這一點也給我留下了深刻印象。」或許這也是往昔敦煌地處絲綢之路交通要道，作為中原與西域數國重要的貨物集散地和中轉站之「華戎所交一都會」的最後遺緒。

遠來的異教
猶太教在東方

唯一的猶太教汗國

公元 6 世紀，歐亞大陸目睹了突厥汗國的崛起。552 年，突厥首領土門率軍大破宗主柔然後建立了突厥汗國，自稱伊利可汗，然後趁西魏與北齊對峙之際，極力向東擴展，迅速成為漠北草原之霸主。與此同時，土門的弟弟室點密統治的西突厥則揮師西進，在 558 年左右聯合波斯薩珊王朝擊敗當時的中亞強國嚈噠，佔領了阿姆河以北的嚈噠領土，威震西域。然而，恰好一百年後的 657 年，阿史那賀魯率領西突厥十姓部落大敗於唐軍，西突厥政權就此瓦解。它的一個屬部，可薩突厥人以獨立的姿態登上歷史舞台，以北高加索

地區、伏爾加河下游為中心建立了可薩汗國。

在可薩汗國境內，一直以來都生活着很多猶太人。猶太人被稱為是「唯一縱貫 5000 年、散居五大洲的世界性民族」。70 年，猶太人的聖城耶路撒冷被羅馬帝國大軍攻破，聖殿被拆毀。135 年，猶太人被全部趕出耶路撒冷，被迫流亡世界各地。一些猶太人輾轉經過敘利亞、小亞細亞等地來到克里米亞地區和北高加索地區。波斯薩珊王朝統治時期，波斯國王曾試圖強迫猶太人皈依自己信奉的瑣羅亞斯德教（祆教），波斯的猶太人為免遭迫害被迫移民到北高加索地區。與此同時，拜占庭帝國也實行強迫猶太人受洗皈依基督教的政策。帝國的法令規定，猶太人不能擔任公職，不能與基督教徒通婚，也不能奴役基督徒；猶太人不能閱讀希伯來文的《聖經》，而必須閱讀希臘文的《聖經》；如果有猶太人試圖勸說基督徒改變宗教信仰，那麼他將被處死，而且財產也要被沒收。這樣的反猶政策同樣促使大量猶太人逃亡至附近唯一的「樂土」——突厥人的可薩汗國。

可薩突厥人當時仍信奉薩滿教，亞美尼亞史料《訶侖的摩西》曾這樣記敍他們的信仰：「對那部落來說，他們狂熱地像魔鬼一樣錯誤地崇拜樹木，這與北方人的頭腦遲鈍有關，他們沉溺於這種虛構出來的欺騙性宗教。如果閃電或天空中的火花撞擊某人或某一物體，他們就認為他或它是對神的某種貢物。他們也貢獻於火、水、某些路神、月亮及所有在他們眼中是令人驚奇的事物。」這種多神崇拜沒有獨一神教那樣的強烈排他性，所以猶太人的生活環境沒有

遭到嚴重的破壞，可薩汗國成為猶太人的政治與宗教避難所。

　　8世紀後期到9世紀中期，可薩汗國的統治者放棄了原有的薩滿教，令人詫異地皈依了猶太教，可薩汗國成為人類歷史上唯一一個信仰猶太教的草原帝國。此後，可薩汗國一直以猶太王國的名義統治着南俄草原，周邊的民族也將可薩人等同於猶太人。傳說可薩汗國的宮廷中舉行過一次基督教的神父、伊斯蘭教的毛拉和猶太教的拉比間的辯論，他們都試圖向可汗解釋自己宗教的好處。辯論進行得空泛而冗長，最後可汗分別向三方提出同一個問題：除了他們自己的宗教外，另外兩種宗教哪一種更加接近真理？基督教的神父、伊斯蘭教的毛拉都給出了同樣的答案：猶太教。於是可汗便決心皈依猶太人的宗教。這個傳說的真偽已無從考證，但可薩突厥人皈依猶太教顯然不是一個簡單的宗教決定。這個汗國處在伊斯蘭教哈里發國家和基督教拜占庭帝國之間，選擇兩者之外的猶太教有助於可薩汗國在意識形態上擺脫拜占庭皇帝和阿拉伯哈里發的牽制，在兩大帝國之間保持平衡，從而有利於其對外政策的靈活性以及國家的獨立性，這顯然是可薩汗國的核心利益所在。更重要的是，選擇猶太教也包含了明顯的經濟動因——猶太人當時已經是絲綢之路上成熟的國際商人，可薩汗國統治階層皈依猶太教顯然有利於吸引猶太商人，以促進本國商業貿易的發展。

　　可薩汗國是東西方貿易的重要中轉站，也是絲綢之路北道上的必經之地，這個王國的繁榮從8世紀延續到10世紀。可薩汗國利

用其優越的地理條件，積極從事國際貿易活動，其中伏爾加河是最重要的貿易通道：往北延伸到盛產琥珀的波羅的海地區，向西經水陸聯運和其他商道抵達基輔羅斯、君士坦丁堡以及西歐地區，往南通過里海進入波斯和巴格達地區，向東經由陸路和卡馬河將伏爾加河與烏拉爾河、西伯利亞及中亞的花剌子模納入商業系統。可薩汗國幾乎完全是一個貿易國家，它本身生產的東西很少，僅有魚、魚膠、皮革和未加工的生皮。這一混雜的民族過着半定居、半遊牧的生活，基本是依靠關稅和各種過境稅為生的。依靠關稅收入，可薩可汗才維持了一支強大的宮廷禁衛軍（其兵員共達 10000～19000 人），構建安全的貿易環境，保護過往商旅。因此，可薩汗國儼然成為歐亞大陸的十字路口和商品集散地：東北歐的皮毛、木材、琥珀、蜂蜜、蜂蠟、奴隸、刀劍，東方的香料、絲綢、藥材，中東的金幣、銀幣、布匹在此展開交易。

可薩境內的猶太人也將此地作為貿易基地，在此囤積貨物，因此誕生了許多頗有影響的商業家族，享有較高的社會地位。這些商業家族的商船活躍在伏爾加河和里海上，他們和羅斯人、保加爾人、斯拉夫人等保持着密切的經濟聯繫，其足跡遠涉東歐、中歐、中東與中亞北部。由於基督教世界的宗教敵視，絲綢之路上的另一個群體穆斯林商人不能深入到歐洲，但猶太人可以在基督教世界和伊斯蘭教世界之間自由穿梭。在可薩汗國的武力保護下，猶太商人們確保了自己在貿易中的利益和安全，他們又利用這一有利條

件鞏固自己的商業網。他們是這一商業網最東部的分支，而最西部的分支是當時生活在穆斯林統治下的中世紀西班牙的大批猶太人。這樣，猶太商人最終控制了基督教徒和其他人之間絕大部分的絲綢貿易。

猶太人進入東方

而在東方，循着自西突厥、粟特地區，越鹹海、里海北岸，過伏爾加河到北高加索，至阿蘭、可薩突厥一帶，

由此沿外高加索達林道，渡黑海至君士坦丁堡的商道，被稱為「拉唐人」（Radanites，意為說拉丁語的人）的猶太商人最終從陸上絲綢之路抵達了中國。實際上，9世紀波斯地理學家庫達貝特在《道里邦國志》中記載了當時拉唐人的四條國際商業路線，其目的地都是中國。除了陸路之外，猶太商人還可以從法蘭克出發，經地中海到阿拉伯世界，再從海路經過印度和東南亞等地來到中國。9世紀，有位名叫艾達德的猶太人曾到達過非洲東海岸和波斯，他在之後寫給西班牙猶太人的一封信中提到，在北非和波斯起兒漫地區（波斯南部）都有猶太商人活動，而且在起兒漫從事商業的猶太社團規模還相當之大。

拉唐人通過以上路線將奴隸、婢女、皮毛、刀劍、棉布等運往東方。至於他們在返回途中攜帶的商品，則主要是絲綢和香料等東

方物產。可薩汗國境內的交易市場應該與可薩人的貿易有關，他們所販賣的香料有麝香、沉香、樟腦、肉桂、明礬、香脂、桂皮、丁香、熏香、五倍子、胡椒、藏紅花等，由此可見，香料也是拉唐人在東方重要的採購物，經過可薩汗國返回的拉唐人亦然。這是由當時的交通條件以及歐洲的社會環境決定的。草原之路上除了可薩汗國境內的江河湖海較多，其他部分主要是陸路，運輸難度大且成本高；香料與其他商品不同，其體積較小，質量較輕，方便攜帶。此外，加洛林王朝時期，香料在歐洲社會非常缺乏，一般被視為珍貴的禮品，就連當時皇家欽命特使以及主教們的飲食中也難得見到香味調料，因此香料在歐洲很受歡迎，價格昂貴，利潤豐厚。當時歐洲消費的香料主要是由拉唐人傳入的，拉唐人也確實從中攫取了高額利潤。拉唐人到達印度、中國以後，當地滿目琳琅的商品中，香料是他們的不二之選。10 世紀中葉，阿拉伯詩人阿布·米撒爾出訪于闐（今新疆和田）時發現猶太人活躍在城中，他此前在吐蕃境內也見過猶太人——他們到此就是為了採購久負盛名的吐蕃麝香。

　　近代的考古發現進一步證實了 8 世紀至 10 世紀中葉猶太人確實是活躍在絲綢之路上的重要國際商人。1901 年，斯坦因在新疆和田丹丹烏里克遺址發現了一封波斯猶太人在 718 年左右用希伯來文寫的商業信件。該信有 37 行文字，高約 16 英吋，寬 4～8 英吋，文中部分字母失落，但信件的大意還是清楚的。這封信是由一位在和田做生意的波斯猶太人寫給他在塔巴里斯坦（T'abaristan）的夥伴的。

他的這位夥伴可能與當時塔巴里斯坦的統治者伊斯帕巴德有關係，因此他想托他的夥伴幫忙賣掉一些他錯誤購買而又無法脫手的綿羊。1908 年，伯希和也在敦煌文書中輯出一篇由希伯來語寫成的祈禱文，並發現文中的一些章節取自於《舊約·詩篇》以及諸先知書，兩份文書都證明了猶太商人在 8 世紀前後已經進入中國境內。

話說回來，在中國的隋唐時期，也就是 7—10 世紀，儘管猶太人的商業網絡已經觸及中國，但其規模相當有限，並不足以形成一個商業站點。唐代來到中國的「三夷教」——景教、祆教、摩尼教——都在中國境內建起了宗教會堂，而隋唐時中國境內並沒有出現過一座猶太會堂。特別是在「安史之亂」之後，東西方之間的陸上交通完全癱瘓，包括猶太人在內的西方商人大多選擇從海路來到中國。但是唐廷僅僅只在廣州設置了市舶司，也就是說外國來華貿易的商人只能在廣州登陸，註冊之後方能進入中國內地進行貿易。9 世紀的阿拉伯商人蘇萊曼就說：「所有想要到中國貿易的阿拉伯船隻都以廣府作為港口。」但在唐末戰亂中，乾符六年（879 年），黃巢起義軍「急攻廣州，即日陷之，執節度使李迢，轉掠嶺南州縣」，之後又遇疾疫，「士卒罹瘴疫，死者什三四」。這次戰爭導致廣州的外國商人群體遭到重創，根據 10 世紀阿拉伯作家阿布·扎伊德的記載：「當時的廣府也是我們阿拉伯商人進行貿易的大港……黃巢在將廣府圍困了許久之後終於攻陷了這座城市，城破之後他將城中的百姓屠戮殆盡。有熟悉中國事務的人告訴我，在廣府城中除了中國人

之外，另有大約 12 萬回教徒、猶太人、基督教徒、祆教徒被黃巢殺死。由於中國人非常善於登記居住在他們之間的外國人，因此我相信這一數字是真實的。」

在猶太人社區從廣州消失的一個世紀後，更大的災難開始降臨。9 世紀中期以後，可薩汗國在政治上走向衰落。「這些信仰猶太教文明的突厥人被他們的同族，還處於野蠻狀態的異教部落（欽察突厥人）清除掉了。」到了 10 世紀，隨着阿拉伯帝國陷入四分五裂與拜占庭帝國的中興，可薩汗國作為基督教世界和伊斯蘭世界的緩衝國已經失去了意義。信仰基督教的基輔羅斯聯合拜占庭粉碎了可薩軍隊，洗劫了可薩汗國。到 1030 年，可薩人作為一股政治勢力已經消失，世界上再次出現信仰猶太教的國家要在一千多年之後。11 世紀開始的十字軍東征使得西歐以及拜占庭帝國對猶太人的迫害愈加嚴酷，君士坦丁堡城中竟然沒有一個猶太人居住，猶太商人在地中海區域也受到意大利商人的排擠。大批原本生活在這些地區的猶太人不得不選擇逃往非基督教統治的地區，這其中包括波斯、中亞和印度，僅在撒馬爾罕一地就生活着 5 萬名猶太人。而在印度海岸，猶太社區在 1020 年從當地的統治者手中得到了一份特許券，憑藉此券，當地的猶太人得到了一大塊土地，並能夠收取地稅，猶太社團的領袖更可以享受當地印度王公才能享受到的待遇，譬如坐象轎，打傘，出行時可帶儀仗、可喝道，當地猶太人的權利範圍已經超出了「自治」，而是獲得了政治上的特權。

利瑪竇的意外發現

宋元時期，猶太人再次沿着絲綢之路進入中國。北宋時期，宋朝首都開封作為國際性的大都市，萬國來朝，經濟繁榮，成為許多西方商旅的目的地。沿絲綢之路而來的猶太人向宋朝皇帝進貢棉布，獲得恩准，在開封建立了猶太社團。據開封猶太人留下的碑文記載，社團興盛之時，人口有「七十三姓，五百餘家」。南宋隆興元年（1163 年），猶太人在土市子街東南（今開封市東司門十字街一帶）建了一座規模巨大、金碧輝煌，有「梁園勝境」之稱的猶太會堂，標誌着開封猶太社團已經形成。開封猶太會堂自興建之後，一直稱「清真寺」，明正德年間為了區別於伊斯蘭教清真寺，曾一度改稱「尊崇道經寺」，清朝初年又恢復舊稱。自金、元，又歷明、清，到咸豐年間（約 1854 年前後）被毀，這座開封猶太會堂存在了約 700 年。

關於開封猶太人的來歷，說法不一，史料模糊，碑文中提到「波斯說」與「印度說」，可備一說。唯一可以確定的是，他們肯定是在宋代之後來到中國的。開封猶太社團保存的《托拉》最後幾節的題跋都是用波斯文寫成的，而這些波斯文又是新波斯語（法爾斯語），其發明時間最早也要到 10 世紀。

到了元代，「蒙古和平」時期的絲綢之路暢通無阻，統治波斯的伊利汗國與元朝關係密切，猶太人在西域及波斯的政壇上擁有不可

忽視的影響力（長期擔任伊利汗國宰相，名著《史集》的作者拉施特‧哀丁就是一個皈依伊斯蘭教的猶太人），因此元代有大批猶太人來華。經絲綢之路來華的猶太人不僅擴充了開封猶太人的規模，還為後者帶來了拉比、經卷等，這是開封猶太社團得以維繫的重要條件——即使身處遙遠的中國，也能通曉希伯來語，學習《托拉》，過安息日，守猶太禮儀。當時的猶太人除了定居開封以外，還在杭州、北京、泉州、廣州等地留下了印記。《馬可‧波羅行紀》記載了一個故事：信奉基督教的宗王乃顏因叛亂被元世祖忽必烈剿滅之後，元大都內的伊斯蘭教徒和猶太人都嘲笑城中的基督教徒，認為基督徒的上帝不能給乃顏帶來勝利。這足見元代猶太人已經居住在了大元帝國的京城。

元朝滅亡之後，由於明代初期實行的海禁政策以及明中期之後出現的倭寇，宋元兩代盛極一時的海上絲綢之路逐漸衰落。另一邊，元代重新開啟的歐亞陸路交通線也因為中亞蒙古貴族以及伊斯蘭教國家之間的內戰而再次被阻塞。因此明代前期的對外交往水平，尤其民間的對外貿易遠遠不及宋元，甚至從某種程度上來說，中國民間對外貿易的紐帶已經被政府切斷。既然歷史上猶太人來華的主要目的是經商，他們在中國境內所建立的幾個據點也大都起着商站的功能，那麼如果中國對外交流的途徑被阻斷，那些基於商業功能建立起來的猶太人聚居點也就自然沒有存在的必要，必定逐漸走到山窮水盡的地步。

明萬曆三十三年（1605年），一位來自河南開封的舉人艾田在北京慕名造訪了頗具盛名的傳教士利瑪竇神父，這是一次不同尋常的拜訪。利瑪竇是最早來華的耶穌會傳教士之一，他不僅精通中國文化，而且學識淵博、樂於交遊，深得中國儒士的信賴，鴻儒碩學、巨卿名流登門求見者絡繹不絕。會面之初，無論是艾田還是利瑪竇，都互不了解對方的真實身份。艾田雖然讀過一些有關這位神父及其教友們的書面資料，但只知道對方除了主以外不敬任何別的神。一走進利瑪竇的住宅，艾田就非常高興地説，他與神父大人是同一宗教信仰者。這一天恰逢浸禮節聖日，利瑪竇把艾田帶進教堂。當艾田看到祭壇上的聖母和嬰兒耶穌，以及聖徒約翰的畫像時，「堅信這是利百加及其兒子雅各、以掃的畫像，於是便鞠身向畫像行禮」。利瑪竇起初誤以為艾田屬於中國的基督教聶斯脱利教派（即景教），但隨着交談的深入，利瑪竇了解到，艾田很熟悉《舊約》的歷史，知道以掃、雅各為其祖先，並自稱是「一賜樂業教」人（「一賜樂業」即古代對「以色列」的音譯），而且「他的整個外貌、鼻、眼和臉型一點也不像中國人」。由此，利瑪竇神父已初步判斷艾田並非一般的基督教徒，而是在此之前自己從未想到過的中國猶太人。

　　利瑪竇神父把中國開封猶太社團存在的消息及有關資料傳給梵蒂岡之後，立刻引起了西方社會的極大興趣，這被輿論界稱為「耶穌會士的一大發現」。從此，許多耶穌會士來開封訪問調查。耶穌會

士之所以對中國開封猶太人如此感興趣，其主要意圖有三：第一，爭取開封猶太人改宗，以擴大天主教的影響；第二，想從開封猶太人那裏得到未經篡改過的古本《聖經》，以恢復《聖經》的本來面目；第三，為了發掘新的史料。

猶太社區的消亡

利瑪竇是幸運的，他所發現的是猶太人在中國各城市社區的最後遺緒。當他與艾田會面之後，曾派人給開封猶太會堂的掌教送去一封信，那位年事已高的掌教在回信中表示，願意將會堂交給利瑪竇管理。掌教的這一心願一方面是出於對利瑪竇的敬重，但更為關鍵的原因是開封猶太社團已缺乏合適的掌教繼承人。後來，又有三位開封猶太人去北京拜訪利瑪竇，聲稱自那位掌教去世後，開封猶太社團中已無人再懂希伯來文了。

實際上，早在天順年間，即 1457 年至 1464 年之間，開封猶太人與寧波的猶太人分別將本屬寧波猶太社團所有的兩部經書送至開封猶太會堂保存，這意味着寧波的猶太社團行將瓦解。寧波是宋元時期對外貿易的窗口，但在明代「是有貢舶，即有互市；非入貢即不許互市」的情況下，來到寧波貿易的外國商人急劇減少，而猶太商人又由於沒有特定國籍和政府支持，絕難至寧波從事朝貢貿易，所以寧波的猶太商業站點最早消失也是在意料之中的。明朝末期，

艾田於北京見到利瑪竇時更是坦率承認：「在浙江省會杭州城內，也曾有過許多猶太家庭及猶太會堂。在其他地方，也有過不少猶太家族，卻沒有猶太會堂，因為他們都逐漸地消亡了。」

進入清代以後，就連僅有的開封猶太社區也江河日下。由於中國傳統社會對宗教信仰普遍寬容的態度，明代中期以後，開封猶太人逐漸放棄了「族內婚」這一猶太傳統，與漢、回等民族通婚。從明末清初記載的開封猶太七姓登記冊中可以看出，開封猶太人至少娶過 40 多個姓氏的外族婦女為妻。普遍的通婚現象不僅加速了猶太後裔在思想觀念、生活習慣及言談舉止等方面的同化，也使他們失去了外貌上的特徵，在他們身上已很少能找到利瑪竇時代「高鼻深目」的猶太人形象了。

17 世紀末至 18 世紀初到訪開封的意大利耶穌會士駱保祿寫道：「開封猶太人實行漢族式的禮拜式，我請求這些人告訴我他們是否崇拜孔夫子，包括他們的掌教在內的所有人都毫不猶豫地回答我說，他們確實尊孔，其方式與大多數異教徒文人一樣。他們也參加隆重的祭祀孔子的儀式，也如同其他人一樣在聖人廟中舉行。」1723 年 8 月 18 日，法國耶穌會傳教士宋君榮在其書簡中也寫道：「我想親自去看一下他們（即開封猶太人）是否懂希伯來文。這些人告訴我說他們不知有多長時間沒有來自西方的『師傅』了，也承認自己絲毫不懂希伯來語法和《聖經》的長篇大論，更不懂他們所有的《密西拿》，甚至也不懂《聖經》的歷史。」

在這種情況下，自康熙二十七年（1688年）以後，開封猶太人已很少鄭重地修葺自己的「一賜樂業教」會堂。原本，由於開封地勢低窪，歷史上屢遭洪水衝擊，再加上年代久遠，猶太會堂多次被毀，為此，猶太人曾多次花重金修復。1163—1688年，他們曾12次修復和重建會堂，特別是1653—1688年的35年間，他們修復了4次會堂。但到了嘉、道年間，猶太會堂已牆垣剝蝕，破舊不堪，最後一位掌教（拉比）去世後，無人繼位，在外國傳教士的重金收買下，某些族人甚至試圖出賣希伯來文經卷。1850年，「倫敦猶太人佈道會」派出兩位中國信徒邱天生和蔣榮基在開封考察時發現，這裏的猶太人都不識希伯來文，沒有希伯來名字，50多年沒有拉比，完全喪失了對救世主彌賽亞的期望。

到了1866年2月，美國著名傳教士丁韙良訪問開封。這時，猶太會堂已成為一片廢墟，唯有一塊6英尺高的石碑（弘治碑）立在污水池旁。眼見會堂已徹底毀壞，猶太遺民只餘三四百人，丁韙良呼籲重建會堂，否則就「無法挽回他們免遭消亡之災」。1867年，美國聖公會主教施約瑟訪問開封後寫道：「他們已完全喪失了自己的宗教，從任何方面看都幾乎難以與異教徒區分開來。他們的家裏供着偶像，並留着祖先的牌位，一人還當了和尚。他們與當地人通婚，並不再行割禮，衣着、習慣、宗教諸方面已如同漢人。」

古代開封猶太人還曾擁有一些珍貴的經書。他們稱《摩西五經》為《天經》《正經》或《道經》。開封猶太人還輾轉輯錄了13部《摩

西五經》，另有《方經》《散經》數十冊。18 世紀以前，開封猶太人尚能堅定地保護經書，使之免遭流失。駱保祿神父曾經説過，「開封猶太人保存經書比保存金銀還要精心，」在他們的心目中，「誰出賣《聖經》就是出賣上帝」。然而好景不長，1840 年以後，在基督教新教傳教士們到來之際，不少開封猶太人已自覺不自覺地背離了這一觀念。在短短的幾十年間，開封猶太人把原來珍藏在會堂內的 13 部希伯來文《摩西五經》中的 10 部賣給他人，使這些珍貴的資料從此流散於各地。

加拿大基督教中華聖公會河南教區主教懷特乾脆斷言，到 19 世紀中葉，「無論從宗教意義或作為一個社團來説，開封猶太人已不復存在」。實際上他這樣説，當然有不懷好意的目的 —— 民國建立後的 1914 年，這個懷特以中華聖公會的名義，把「一賜樂業教」會堂的舊址買去了。雖然開封的猶太社團在歷經了漫長的時間之後由於人數稀少而完全同化於當地的漢、回等民族之中，但它歷時千年的存在，仍在絲綢之路歷史上留下了值得銘記的一筆，並證明了中華文明對外來宗教開放包容的胸襟。

參考文獻

（唐）杜環：《經行記箋注》，張一純箋注，北京：中華書局，1963 年

［美］希提：《阿拉伯通史》，馬堅譯，北京：商務印書館，1979 年

［法］布爾努瓦：《絲綢之路》，耿升譯，烏魯木齊：新疆人民出版社，1982 年

［西班牙］克拉維約：《克拉維約東使記》，楊兆鈞譯，北京：商務印書館，1985 年

李少一，劉旭：《干戈春秋 —— 中國古代兵器史話》，北京：中國展望出版社，1985 年

《柏朗嘉賓蒙古行紀；魯布魯克東行紀》，耿升，何高濟譯，北京：中華書局，1985 年

［法］勒尼・格魯塞《草原帝國》，魏英邦譯，西寧：青海人民出版社，1991 年

邱樹森：《中國回族史》，銀川：寧夏人民出版社，1996 年

李明偉：《絲綢之路貿易史》，蘭州：甘肅人民出版社，1997 年

郭炳林：《敦煌歸義軍史專題研究》，蘭州：蘭州大學出版社，1997 年

魏長洪等：《西域佛教史》，烏魯木齊：新疆美術攝影出版社，1998 年

［意］馬可・波羅：《馬可・波羅行紀》，馮承鈞譯，上海：上海書店出版社，1999 年

［法］張日銘：《唐代中國與大食穆斯林》，姚繼德，沙德珍譯，銀川：寧夏人民出版社，2002 年

楊寶玉：《敦煌滄桑》，武漢：長江文藝出版社，2002 年

［匈］亞諾什・哈爾馬塔：《中亞文明史》第 2 卷，徐文堪譯，北京：中國對外翻譯出版公司，2002 年

潘吉星：《中國古代四大發明：源流、外傳及世界影響》，合肥：中國科學技術大學出版社，2002 年

［俄］李特文斯基：《中亞文明史》第 3 卷，馬小鶴譯，北京：中國對外翻譯出版公司，2003 年

彭樹智等：《中東國家通史・伊朗卷》，北京：商務印書館，2002 年

楊志玖：《元代回族史稿》，天津：南開大學出版社，2003 年

楊泓：《古代兵器通論》，北京：紫禁城出版社，2005 年

［美］傑克・威澤弗德：《成吉思汗與今日世界之形成》，溫海清，姚建根譯，重慶：重慶出版社，2006 年

孫寶國：《十八世紀以前的歐洲文字傳媒研究》，哈爾濱：黑龍江人民出版社，2006 年

王兆春：《世界火器史》，北京：軍事科學出版社，2007 年

[英] 吳芳思：《絲綢之路 2000 年》，濟南：山東畫報出版社，2008 年

張玉亮：《造紙術的發明 —— 源流·外傳·影響》，貴陽：貴州科技出版社，2008 年

《回族簡史》編寫組：《回族簡史》修訂本，北京：民族出版社，2009 年

王小甫：《唐、吐蕃、大食政治關係史》，北京：中國人民大學出版社，2009 年

佚名：《拉班·掃馬和馬克西行記》，朱炳旭譯，鄭州：大象出版社，2009 年

錢雲，金海龍：《絲綢之路綠洲研究》，烏魯木齊：新疆人民出版社，2010 年

[塔吉克斯坦] 阿西莫夫：《中亞文明史》第 4 卷（上），華濤譯，北京：中國對外翻譯出版公司，2010 年

高用華：《敦煌莫高窟》，長春：吉林出版集團有限責任公司，吉林文史出版社，2010 年

楊寶玉：《敦煌史話》，北京：社會科學文獻出版社，2011 年

[美] 白桂思：《吐蕃在中亞：中古早期吐蕃、突厥、大食、唐朝爭奪史》，

付建河譯，烏魯木齊：新疆人民出版社，2012 年

[法] 布哇：《帖木兒帝國》，馮承鈞譯，北京：中國國際廣播出版社，2013 年

桂寶麗：《可薩突厥》，蘭州：蘭州大學出版社，2013 年

宋軍令：《明清時期美洲農作物在中國的傳種及其影響研究 —— 以玉米、番薯、煙草為視角》，河南大學博士學位論文，2007 年

王三三：《帕提亞與絲綢之路關係研究》，南開大學博士學位論文，2014 年

毛佳鵬：《中世紀地中海地區「紙張」的更替與跨文化互動》，首都師範大學碩士學位論文，2011 年

曹寅：《絲綢之路與古代中國猶太人研究》，上海社會科學院碩士學位論文，2011 年

姜博：《魏晉南北朝時期敦煌歷史研究》，南京師範大學碩士學位論文，2011 年

車雯婧：《清代對敦煌的開發》，蘭州大學碩士學位論文，2012 年

牛宏程：《3 — 6 世紀龜茲佛教藝術及其東傳研究》，河北大學碩士學位論文，2012 年

韓極：《論西歐與蒙古帝國的交往》，湖南師範大學碩士學位論文，2015 年

賈森：《可薩汗國的商貿地位研究 —— 以絲綢之路為背景的歷史考察》，

鄭州大學碩士學位論文，2016 年

張倩紅：《論歷史上開封猶太人被同化的原因》，《民族研究》，1995 年第 3 期

宋峴：《杜環遊歷大食國之路線考》，《明清之際中國和西方國家的文化交流 —— 中國中外關係史學會第六次學術討論會論文集》，1997 年

郭書蘭：《東西方文化交流的歷史見證 —— 論北魏龍門石窟藝術》，《許昌學院學報》，2000 年第 3 期

袁宣萍：《17—18 世紀歐洲絲綢中的「中國風」》，《絲綢》，2003 年第 8 期

李曉英：《元代回族商人在甘寧青的活動和特點》，《青海民族研究》，2008 年第 1 期

吳毅：《杜環〈經行記〉及其重要價值》，《西北大學學報》，2008 年第 6 期

張爽：《試論五至六世紀拜占庭的絲綢貿易與絲織業》，《古代文明》，2009 年第 1 期

林若夫：《從莫高窟到法海寺：中國佛教壁畫演變的歷史歸宿》，《美術學報》，2009 年第 2 期

吳玉紅：《胡風影響下的唐代服裝風尚》，《裝飾》，2011 年第 6 期

侯凌靜：《從晚唐五代敦煌商業貿易結構看敦煌的衰落》，《文史博覽》，2011 年第 10 期

齊皓，孫睿：《淺析唐代敦煌佛教石窟壁畫》，《現代交際》，2012 年第 9 期

黃劍華：《佛教東傳與絲路石窟藝術》，《美育學刊》，2014 年第 2 期

張倩紅：《歷史上的開封猶太社團：中猶文化交流的綺麗》，《協商論壇》，2014 年第 4 期

張南男：《淺析古代「絲路」對雲岡石窟佛像雕刻的影響》，《美術大觀》，2016 年第 1 期

楊鷹：《撒馬爾罕城市歷史發展研究》，《隴東學院學報》，2016 年第 6 期

齊小豔：《索格底亞那農業經濟的歷史考察》，《農業考古》，2017 年第 1 期

此外，在寫作本書的過程中，作者還參閱了大量前輩名家和諸多老師、學長的文章，限於篇幅，無法一一列出，在此謹向各位前輩師長表示誠摯的感謝。

絲路小史（陸絲卷）

郭曄旻　著

責任編輯　李茜娜
裝幀設計　吳丹娜
排　　版　劉葉青
印　　務　劉漢舉

出版　　中華書局（香港）有限公司
　　　　香港北角英皇道 499 號北角工業大廈一樓 B
　　　　電話：（852）2137 2338　傳真：（852）2713 8202
　　　　電子郵件：info@chunghwabook.com.hk
　　　　網址：http://www.chunghwabook.com.hk

發行　　香港聯合書刊物流有限公司
　　　　香港新界荃灣德士古道 220-248 號
　　　　荃灣工業中心 16 樓
　　　　電話：（852）2150 2100　傳真：（852）2407 3062
　　　　電子郵件：info@suplogistics.com.hk

印刷　　美雅印刷製本有限公司
　　　　香港觀塘榮業街 6 號海濱工業大廈 4 樓 A 室

版次　　2021 年 6 月初版
　　　　© 2021 中華書局（香港）有限公司

規格　　32 開（210mm×145mm）

ISBN　　978-988-8758-65-4

本書繁體字版由浙江大學出版社授權出版、發行。